发展汉语

Developing Chinese

第三版
3rd Edition

Intermediate Writing Course

中级写作

（I）

主　编：李　泉
副主编：么书君
编著者：蔡永强

北京语言大学出版社
BEIJING LANGUAGE AND CULTURE UNIVERSITY PRESS

图书在版编目（CIP）数据

发展汉语中级写作. Ⅰ / 李泉主编；么书君副主编；蔡永强编著. -- 3 版. -- 北京：北京语言大学出版社，2024. 8（2025.10重印）. -- ISBN 978-7-5619-6595-5

Ⅰ. H195.4

中国国家版本馆 CIP 数据核字第 2024M289Q4 号

发展汉语（第三版）中级写作（Ⅰ）

FAZHAN HANYU (DI-SAN BAN) ZHONGJI XIEZUO (Ⅰ)

版式设计：邱　彬
排版制作：北京青侣文化创意设计有限公司
责任印制：周　燚

出版发行：北京语言大学出版社
社　　址：北京市海淀区学院路 15 号，100083
网　　址：www.blcup.com
电子信箱：service@blcup.com
电　　话：编 辑 部　8610-82303647/3592/3395
　　　　　国内发行　8610-82303650/3591/3648
　　　　　海外发行　8610-82303365/3080/3668
　　　　　北语书店　8610-82303653
　　　　　网购咨询　8610-82303908
印　　刷：天津嘉恒印务有限公司

版　　次：2006 年 8 月第 1 版
　　　　　2012 年 6 月第 2 版
　　　　　2024 年 8 月第 3 版
印　　次：2025 年 10 月第 2 次印刷
开　　本：889 毫米 × 1194 毫米　1/16
印　　张：9.50
字　　数：117 千字
定　　价：38.00 元

PRINTED IN CHINA
凡有印装质量问题，本社负责调换。售后QQ号1367565611，电话010-82303590

Preface

总前言

《发展汉语》从第一版（2004—2006），到全面升级为第二版（2011—2013），已发行200余万册。第二版入选国家级规划教材，不仅在中国被广泛采用，也被海外许多国家选用，另有数百篇研究教材的文章和硕博论文以其为研究对象，俨然成为国际中文教育知名教材。我们感谢海内外同行的支持与认可，同时也深切感到，时代在发展，科技在进步，教学实践在深入，汉语本体和汉语二语教学的研究成果在不断增多，教材理应合理吸收；与此同时，教材本身有些理念和教法也需要更新，有些话题和课文已显陈旧，有些课文偏长偏难，有些注释和练习可换可弃。

为使教材与时俱进，亦是参照经典二语教材维护的惯常做法，我们组织了以中国人民大学为主的跨院校编写团队，以第二版为基础，制定了"扬长避短，去旧增新；适当瘦身，留有空间；有所突破，有所创新"的总编修原则，对教材进行了全面编修。第三版新编和修订几乎各占一半。新编教材融入了新理论和新方法，同时保持经过实践检验的编写理念与编写方式；修订教材保留了成熟的编写框架和有效的训练体系，同时着力对教材整体和局部进行创新设计与实施。

本版教材在充分体现汉语汉字及其作为二语教学的特点，特别是优化汉语二语技能训练的方式方法方面，做出了新的努力；在突破现有课文编选理念与编选范围，特别是突破现有初级汉语教材编写模式方面，做出了新的尝试；在突出汉语语素教学，特别是构建汉语语篇语法教学体系方面，做出了新的探索。

◎ 教材体系

《发展汉语》（第三版）采用"专项语言技能训练与综合语言能力培养相结合"的第二语言教学及教材编写模式。全套教材分为"三个层级、六个系列"，即纵向分为初、中、高三个层级，横向分为"综合、口语、听力、阅读、写作、初级读写"六个系列。其中，综合系列为主干教材，口语、听力、阅读、写作、初级读写系列为配套教材。

全套教材共28册34本，包括：初级综合（Ⅰ、Ⅱ）、初级口语（Ⅰ、Ⅱ）、初级听力（Ⅰ、Ⅱ）、初级读写（Ⅰ、Ⅱ）；中级综合（Ⅰ、Ⅱ）、中级口语（Ⅰ、Ⅱ）、中级听力（Ⅰ、Ⅱ）、中级阅读（Ⅰ、Ⅱ）、中级写作（Ⅰ、Ⅱ）；高级综合（Ⅰ、Ⅱ）、高级口语（Ⅰ、Ⅱ）、高级听力（Ⅰ、Ⅱ）、高级阅读（Ⅰ、Ⅱ）、高级写作（Ⅰ、Ⅱ）。其中，每一册听力教材均分为"文本与答案"和"练习与活动"两本。

◎ 适用对象

《发展汉语》(第三版)是一套完整的汉语二语教学体系、一个大型的汉语学习资源平台，可满足初(含零起点)、中、高各层次综合课及听力、口语、阅读、写作等课程的教学之需，可供来华学习汉语言专业的本科生，学习文科、理工、经贸、医学等专业的预科生，长短期汉语进修生教学选用，亦可供海外相关层级和需求的汉语教学选用。

◎ 编用理念

编用理念即本套教材编写和使用的指导思想，包括如下两大理念：

一是“集成、多元、创新”。集成即对语言要素、语言知识、国情知识、文化知识以及听、说、读、写四项技能的系统吸纳与整合；多元即对教学法、教学理论、教学信念、教学大纲、教学资源、训练方式和手段的兼容并包；创新即在遵循汉语作为第二语言教学规律、继承既往成熟的教学经验、汲取新的教学和教材编写研究成果的基础上，对各系列教材进行整体和局部的特色设计与实施。

二是“发展、巩固、提高”。发展意味着由少到多、由简单到复杂、由生疏到熟练、由模仿创造到自如运用。“发展汉语”寓意发展学习者的汉语知识和中国国情知识，发展学习者的汉语交际能力，发展学习者的汉语学习能力。巩固是发展的基础和保障，巩固意味着需要不断复习和强化既往所学知识和技能，正所谓熟能生巧。提高是发展和巩固的目的所在，充分的发展和扎实的基础是提高的前提和保障，而提高意味着新的发展。

◎ 编用目标

编用目标即本套教材编写和使用的目标，具体如下：

总体目标：全面发展和提高学习者的汉语语言能力、汉语交际能力、中国国情与文化认知和理解能力、汉语口语和书面语综合运用能力、汉语学习兴趣和学习能力。

具体目标：通过规范的汉语、汉字知识和相关文化知识的教学，以及科学而系统的听、说、读、写语言技能训练，全面培养和提高学习者对汉语要素(语音、汉字、词汇、语法)形式与意义的辨别和组配能力，在具体话语语境和文本语境中准确接收和输出语言信息的能力，体认中国国情和中国文化的能力，运用汉语进行适合语境和语篇特征的口语和书面语表达能力；通过教学不断强化学习者汉语学习动机和自主学习能力。

◎ 编写原则

为更好实现本套教材编用理念和编用目标，特确立如下主要编写原则：

(1)课文编选：遵循第二语言教材编写的针对性、科学性、实用性、趣味性等核心原则编选课文；注重话题和场景、题材和文体、范文和语体的多样化和丰富性，确保教材作为第一学习资源的示范性和可学性。

（2）内容编排：遵循第二语言教材编写由易到难、循序渐进、重复再现等技术原则编排教学内容；注重“语言结构、语言功能、交际情境、文化因素、国情知识、活动任务”的组配与照应，确保语言、文化及交际要素等输入均衡、合理与充分。

（3）技能训练：依据口语、听力、阅读、写作等单项技能和综合技能训练的目标和规律，凸显相关课型的特点及技能训练要求；注重听说、读说、读写、说写等语言技能的综合训练，确保“综合语言能力 + 专项语言技能”训练模式优势的发挥。

（4）教学标准：综合参考并优化利用现行各类等级大纲和等级标准、汉语水平考试大纲和通用课程大纲、汉语进修大纲和汉语言专业教学大纲等资源，制定本版各系列教材语言要素、话题分布、功能意念、情景场所、交际任务、文化项目等具体编写大纲，确保教材的规范性和实用性。

◎ 实施重点

为实现本版教材的编用理念、编用目标和编写原则，实现“有所突破，有所创新”的总编修原则，编修过程中除进行其他重要实施外，重点进行了如下两项革新性实施：

（1）《初级综合（Ⅰ）》采取“语文分开”编写模式。以拼音作为汉语教学和学习的文字工具，拼音下面配有汉字，但汉字不作为教学内容，只为方便教师教学，也为学生“熟悉一下汉字”提供便利。主要理据：初级综合教材现行的“语文并进”是拼音文字二语教学的普遍模式，“语文分开”是汉语二语独有的初级汉语教学模式；更为重要的是，入门阶段的汉语教学，利用拼音教授汉语，可以扬拼音之长、避汉字之短，可以快速提高学习者的汉语能力，可以有效避免汉语教学与汉字教学难以同步的困扰。

（2）《初级读写（Ⅰ）》承担系统的汉字教学任务。按照汉字结构规则和书写规则，依次由笔画最少的独体字到笔画较多的独体字、由笔画较少的合体字到笔画较多的合体字进行教学。主要理据：《初级综合（Ⅰ）》采用了“语文分开”编写模式，用拼音教汉语，就应该有单独教授汉字的配套教材；更为重要的是，按照汉字自身规律，由易到难、循序渐进地进行汉字认读和书写教学，有利于凸显汉字的理据性和易学性，有利于学习者系统掌握汉字的构成要素、构成特点和书写规则，有利于提高汉字教学的质量和效益。

“语文分开”是中国对外汉语教学界于20世纪50年代初，基于汉语汉字的特点建构的教学模式，但先辈们对教学实践的总结却认为此模式弊多利少，转而采取了普遍适用于拼音文字的“语文并进”教学模式，从而使汉字失去了独立的教学地位，成为汉语教学的附庸。由此来看，本版所谓革新性实施，不过是把本属于汉语独有的教学模式恢复其应有的教学地位，把本应按汉字自身特点和教学规律单独进行的汉字教学落到实处。

需要说明的是，“语文并进”在中国对外汉语教学界一统天下 70 余年，几代教师已然习惯了这一教学模式，而对“语文分开”教学模式，即用拼音进行“语”的教学可能不太习惯。因此，特别希望年轻教师能够努力适应这种教学模式，既能熟练地用拼音拼写汉语，也能熟练地阅读(直读)拼音文本。事实上，既能用汉字教汉语，也能熟练地用拼音教汉语，是信息化时代国际中文教师必备的素养和技能。

◎ 教学信念

教学和学习信念无处不在，并深刻地影响教学和学习的效果。下面是我们“信以为真”的若干重要的教学和学习信念，希望使用本套教材的师生也能信以为真，并加以实践。

（1）语言是工具。任何工具都是在不断使用的过程中被掌握的，要把语言当作交际工具而不是知识体系来教来学，因此各种“用”的训练更为重要。语言和文化知识的教学和习得是首要和必要的，但听、说、读、写语言技能的训练和获得才是最根本的。

（2）教材是媒介。既要教和学教材的内容，也要利用教材的内容去教和学相关的内容，而不是只教、只学教材。教材不过是语言教学和学习的重要媒介和资源，而不是语言教学和学习的全部，教材之外学语言、课堂之外学语言，同样重要。

（3）备课决定成败。教师务须亲自备课、深度备课，这既是教师专业发展的重要途径，也是用好教材和上好课的前提。否则，再好的教材也无济于事。

（4）预习复习事关重大。学习者务须预习新课，最好是深度预习；务须复习旧课，最好是不断复习。预习乃“先知先觉”，自我学习；复习乃“重新学习”，温故知新。

（5）课文教学乃重中之重。课文是语言教学和学习的主体内容、核心内容，务须以各种方式使学习者学懂、真懂、全懂，并且最好熟记于心、牢记于心、脱口而出。

（6）在语境中教授和学习词语与语法。在语句、语段乃至语篇中教授和学习词语和语法，也即在语境中理解词语和语法的意思和用法，而不是孤零零地进行词语和语法教学。

（7）应用技术而不被技术所左右。关注和应用现代教育技术，努力拓展教学途径，提升教学效益，但不为技术所左右，更不为应用而应用。智慧教育的前提是教育理念智慧化，应甄别和评估技术运用的实际效果，始终不忘培养学习者语言能力这一初心和使命。

李泉

Instructions for use

使用说明

◎ 适用对象

《发展汉语（第三版）中级写作（Ⅰ）》，适合学过《发展汉语（第三版）初级综合（Ⅱ）》《发展汉语（第三版）初级读写（Ⅱ）》等初级汉语教材，具备中级汉语入门水平的学习者使用。

◎ 教材目标

本教材以训练和提高中级阶段汉语学习者的写作能力为核心目标。具体如下：

（1）通过范文学习及体认、分析和理解，能够初步把握常见汉语篇章结构的特点。

（2）能够在教师引导下，通过小组活动进行有效的语句、语段、语篇写作实践。

（3）能够就熟悉的话题，组织话语进行连贯的口头、作文表达。

（4）能够按照汉语表达习惯，写出层次清楚、语句通顺、250～600字的作文。

◎ 特色追求

本教材尝试通过范文分析、写作训练、作文讲评等方面的特色设计，为学习者搭建一个实用性写作训练平台。具体如下：

（1）尊重汉语特点，注重汉语特殊句式的练习

写作实践环节中，在教师引导下，以小组活动的方式，进行语句、语段的词语增删练习、替换练习，以及汉语流水句的解析、改写、仿写、创作等练习，让学习者在真实语言文字的打磨、润色过程中，体会汉语重意合的鲜明特征。

（2）读写一体化，充分发挥范文的示范作用

范文力求长短适中，难易适当，在语句衔接、句段连接、语篇结构等方面具有示范性和可模仿性，以此激发学习者的写作意愿，克服不知道“写什么”和“怎么写”的难题。利用范文向学习者展示文章的写作角度、写作方法、表达思路、结构安排以及内容选取方式，使其充分感悟汉语书面语表达的特点。

（3）注重写作实践，突出环节设计和写作过程训练

本教材尝试将写作知识的传授和写作技能的训练，融会于写作环节的设计和实施中。为此，特别设计了若干有实用价值和可操作性的教学环节，希望通过范文阅读与分析、写作实践训练、课后作文布置、作文讲评等环节，体现对“过程训练”的重视，化解写作教学难题。

（4）重视作文布置与讲评，深度布置，系统讲评

高度重视对课后作文的深度布置，通过对作文题目立意、写作角度和思路的畅想，以及对语言材料的组织和段落内容安排的讨论，充分体现“过程训练”的教学理念，从而给予学习者实实在在的启发和帮助，大幅提高他们的写作信心和习作质量。作文讲评是写作教学的关键环节，是提高学习者写作能力的重要途径。通过对学习者习作得与失的总体分析，对学习者作文中精彩语句、语段的展示和说明，对典型偏误的全面及重点分析，以及学习者的学习心得记录，有效丰富学习者的写作知识，提高学习者的写作能力。

◎ 使用建议

（1）本教材共 14 课，建议每课用 2 课时完成。

（2）作文讲评是“真正的写作教学”，应在课下进行充分的准备并在课上给予足够的时间。为此，建议教师在作文评改的基础上深度备课，对学习者习作从宏观到微观、全面且有重点地进行讲评，并整理出“老师总评”“精彩语句展示”和“典型偏误分析”的具体教案，以确保讲评环节不走过场，确保学习者收益最大化。

（3）作文布置是写作教学的重要环节，是激发学习者写作欲望和提高习作质量的关键环节。为此，建议教师课下充分准备有关写作题目的各种写作角度和思路、写作方法和材料等内容，并在课上跟学习者一起“头脑风暴”，帮助学习者开阔思路，寻找写作灵感。

（4）课后作文的字数要求为参考字数，有一定的灵活性，教师可根据学习者群体的实际水平等情况进行适当调整。

（5）“我的作品”部分要求学习者将修改好的本次课的作文抄写于此，请教师加以督导和检查。

◎ 特别期待

对学习者：

◎ 课下和课上认真阅读、熟悉和体味每一课的范文。

◎ 积极、主动参与课堂练习活动和相关讨论。

◎ 相信“写”是学习汉语表达和提升汉语能力的重要途径。

◎ 相信“写”的过程就是用汉语、学汉语的过程，并能乐在写中。

对教师：

◇ 在多种场合以各种方式，不断激发学习者汉语书面表达的欲望。

◇ 及时批改和讲评学习者的课内外作业，并给予学习者更多的鼓励。

◇ 确信只有写和不断地写，才能真正提高汉语写作能力。

◇ 确信结合习作的语句、段落和篇章的讲评，才是最重要的写作知识教学。

◎ 特别感谢

《发展汉语（第三版）中级写作（Ⅰ）》的插图由严禔完成，特致谢忱！

目录 Contents

1 我的朋友——李明

愉快走入第 1 课

一 范文阅读

1. 阅读范文，思考文章的写作思路。
2. 再读范文，体会文章的结构方式。
3. 三读范文，画出学到的重要词句。

我的朋友——李明

来中国后，我认识了一个新朋友，他叫李明，来自新加坡（Singapore）。李明今年 30 多岁，已经结婚了，有两个孩子。

李明是一名医生，在一家医院工作。他告诉我，他们医院和中国的医院有不少联系。

姓　名	李明
国　家	新加坡
年　龄	30 多岁
婚姻状况	已婚
兴趣和爱好	阅读、摄影
身　份	留学生
职　业	医生
学习汉语的时间	1 年
和“我”的关系	朋友

为了了解中医，加强[1]合作[2]，医院派他来中国学习汉语。他已经在中国学了一年汉语了。虽然他的汉语进步很快，但还不能和中国人，特别是[3]同行[4]，用汉语熟练地交流。

李明说他喜欢阅读和摄影[5]。他平时特别喜欢去图书馆看书，有时会在图书馆待[6]一天，连吃饭都忘了。看书看累了的时候，他就拿着照相机到处走走看看，拍一些有意思的照片。李明在中国也有这些兴趣和爱好，每个周末他都去图书馆看书，看累了的时候就去拍照片。

周末我没事的时候，常跟他一起去图书馆、逛书店，也去一些好看、好玩儿的地方，这时他都要拍一些照片。

二 范文分析

1. 分析范文的写作思路

在《我的朋友——李明》中，“我”是这样介绍李明的：新朋友李明的基本情况 →____________________→____________________→“我”周末有时和李明在一起。

2. 熟悉范文中的表达范例

重点词语或结构	例　句
……叫……，来自……	他叫李明，来自新加坡（Singapore）。
	我的新朋友叫马力，来自中国四川。

1 加强 jiāqiáng：to strengthen, to reinforce　使更强大，使程度更高。
2 合作 hézuò：to cooperate　互相帮助，共同完成某项工作。
3 特别是 tèbié shì：especially, particularly　表示更进一步。
4 同行 tóngháng：people of the same trade or occupation　同行业的人。
5 摄影 shèyǐng：to take a picture　用照相机拍照片。
6 待 dāi：to stay　停留。

重点词语或结构	例句
为了	为了了解中医，加强合作，医院派他来中国学习汉语。
	为了了解中国人的生活，我常常在假期去各地旅游。
特别是	但还不能和中国人，特别是同行，用汉语熟练地交流。
	我觉得学习外语，特别是英语，真是太难了。
跟……一起 + V / VP	周末我没事的时候，常跟他一起去图书馆、逛书店。
	读大学的时候，我常常跟我的室友一起踢足球、去酒吧。

3. 汉语水平检测：按恰当的顺序组成句子

（1）她叫布热　最北边——世界上　来自地球的　最寒冷的地方

（2）我们　这顿饺子　整整忙了一天　为了吃上

（3）你不认识路　也是去花果山　就和我们一起走吧　我们　爬山的

（4）王明喜欢动物　当志愿者　是出了名的　他每个周末　都会去动物园

三 写作实践

小组活动 I：两人一组，试一试，写一写

（1）试试看，下面的语段中，什么地方可以加上“虽然”？什么地方可以加上“但是”？什么地方可以加上“所以”？

李明说他喜欢阅读和摄影……李明在中国也有这些兴趣和爱好，每个周末他都去图书馆看书，看累了的时候就去拍照片。

（2）试试看，能否用“因为……，所以……”改写下面的句子？

为了了解中医，加强合作，医院派他来中国学习汉语。

....

（3）试试看，仿照例句，改写句子。

例句： 李明说他喜欢阅读和摄影。→ 李明说：“我喜欢阅读和摄影。”

他告诉我，他们医院和中国的医院有不少联系。→ ....

....

（4）范文中有这样的句子：

① 李明今年 30 多岁，已经结婚了，有两个孩子。

② 李明在中国也有这些兴趣和爱好，每个周末他都去图书馆看书，看累了的时候就去拍照片。

①和②都由 3 个小句组成，但小句之间没有关联词语，小句和小句连接在一起，好像流水一样自然流畅，这种句子在汉语中叫“流水句”。以下是范文中的两个句子，你认为哪个句子有流水句的特点？

① 为了了解中医，加强合作，医院派他来中国学习汉语。

② 他平时特别喜欢去图书馆看书，有时会在图书馆待一天，连吃饭都忘了。

（5）请模仿下面的语段，说说你熟悉的一个人（请用上以绿色标示的词语）。

李明是一名医生，在一家医院工作。他告诉我，他们医院和中国的医院有不少联系。为了了解中医，加强合作，医院派他来中国学习汉语。

小组活动 II：两人一组，练习一下

（1）根据表格中的内容，在横线上填上合适的词语。

（2）哪些“（大卫 / 他）”应该省略？

（3）不能省略“（大卫 / 他）”的地方，应该用“大卫”还是“他”？

我的朋友——大卫

姓　名	大卫
国　家	美国
出生年月	1999 年 8 月
婚姻状况	未婚
兴趣和爱好	排球、游泳
身　份	留学生
学习汉语的时间	半年
和“我”的关系	朋友

最近，我认识了一个新朋友，他叫大卫。大卫________美国，（大卫 / 他）1999 年出生，（大卫 / 他）和我都出生在 8 月。

（大卫 / 他）是单身，（大卫 / 他）还________结婚。（大卫 / 他）现在是留学生，（大卫 / 他）还________工作。（大卫 / 他）________了解中国文化，（大卫 / 他）来中国学习汉语。（大卫 / 他）才学了半年汉语，汉语水平________我低很多。（大卫 / 他）不能和中国人________，我常常帮助（大卫 / 他）。

（大卫 / 他）有很多爱好和兴趣，但最________排球和游泳。（大卫 / 他）在美国的时候，几乎每天都去打排球或者游泳。到了中国以后，（大卫 / 他）每个周末都不在宿舍，如果你要找（大卫 / 他），就得去________或________。

周末要是没有事，我________和（大卫 / 他）去运动。虽然我的排球还是打得不好，但在（大卫 / 他）的帮助下，我游泳游得越来越好了。

小组活动 III：两人一组，介绍一下（尽量使用范文中的重点词语或结构）

……叫……，来自……　　为了　　特别是　　跟……一起＋V / VP

（1）请根据下面的表格，简单介绍一下“王好”这个人。

姓　名	王好
国　家	中国
出生年月	2005 年 6 月
婚姻状况	未婚
兴趣和爱好	旅游、看电影
身　份	大学生
学习程度	大学一年级
和“我”的关系	朋友

（2）请互相介绍一下自己。

小组活动 Ⅳ：**两人一组，限时写作，之后互相交换，讨论一下**

请结合下面的图片，写一篇 50 字左右的短文。

（80 字）

四 课后作文

1. 参考题目（可以选择一个题目，也可以自己想一个题目）

（1）我的同屋

（2）我的朋友

（3）说说我自己

（4）……………………

2. 我打算这么写

（1）我的题目是：……………………

（2）两人一组，说说你的写作思路：……………………

……………………

（3）两人一组，说说可能用到的词语、句式。

范文中的词语、句式：

……叫……，来自　为了　特别是　跟……一起 + V / VP

联系　兴趣

可能用到的其他词语、句式：……………………

……………………

3. 作文要求

（1）请根据你选择的题目，写一篇 250 ～ 350 字的作文。

（2）内容表述清楚，层次分明，符合汉语的表达习惯。

（3）尽量使用本课学习的语言知识，可以参考范文的结构方式。

（4）最好写在方格稿纸上。

我的作品（请把修改好的作文抄写在这里）

（100字）

（200字）

（300字）

（400 字）

（500 字）

2 上班族的一天

上次作文讲评

提示

这次作业完成得怎么样？总体上有哪些进步？还有哪些共同的问题？（不少于50字，下次课抽查。偶尔想不起来的汉字，可以写拼音。）

老师总评

提示

请大家一起分享你们创造的精彩语句！请记下作文中用词恰当、表达地道的语句，把对你有用的常用词语、结构也写在这里。（不少于100字，下次课抽查。偶尔想不起来的汉字，可以写拼音 。）

精彩语句展示

好好学习

提示

改正作文中的错误很重要。老师从你们的作文中找出了一些典型的错误，让我们一起分析、改正这些错误吧！（不少于100字，下次课抽查。偶尔想不起来的汉字，可以写拼音 。）

典型偏误分析

天天向上

学习心得

提示

通过这次作文练习和作文评改，你有哪些心得、体会？（不少于50字，下次课抽查。偶尔想不起来的汉字，可以写拼音。）

愉快走入第 2 课

一　范文阅读

1. 阅读范文，思考文章的写作思路。
2. 再读范文，体会文章的结构方式。
3. 三读范文，画出学到的重要词句。

上班族的一天

王华在一家大公司工作，每天早上9点上班，下午5点下班。

早上7点，闹钟[1]响了，可王华真不想起床。已经7:10了，他还躺在床上，心里说：真想再多睡会儿。

王华起床后，很快洗了脸，刷了牙，吃完早饭，然后去坐地铁。地铁上人很多，没有座位，很多人都站着。王华坐在地铁上，闭上眼睛，心想：我再睡会儿。

出了地铁站，王华赶快向公司走去。很多人都在一楼等电梯。王华看了看表，决定跑上五楼。等他跑进办公室时，已经8:55了，差点儿就迟到了。

王华先打开微信，看看有没有紧急[2]的事情要处理，然后打开电脑，准备开始工作。今天他有很多事情要做。首先要看看邮箱，给客户[3]回电子邮件；然后要和客户联系见面的事，中午陪客户一起吃饭；还要帮助经理订两张去广州的飞机票；最后还有一些电话要打，一些传真[4]要发。

忙了一天，终于到下班时间了。王华站在地铁上，给朋友发信息[5]，打算约朋友一起去吃饭。虽然每天都很忙，有很多事情要做，但王华觉得这样的生活很有意思。

二 范文分析

1. 分析范文的写作思路

《上班族的一天》用五幅图描绘了上班族王华一天的生活，请概括王华一天的生活：

__________→__________→__________→__________→__________。

---

1 闹钟 nàozhōng：alarm clock　能在预定时间发出声音的钟表。
2 紧急 jǐnjí：urgent　必须马上解决的。
3 客户 kèhù：client, customer　工厂或企业称呼有商业往来的人。
4 传真 chuánzhēn：fax　一种可以传输图片、文件等的通讯方式。
5 发信息 fā xìnxī：to send a message　用手机把文字发给对方。

2. 熟悉范文中的表达范例

重点词语或结构	例句
已经……了	**已经 7:10 了，他还躺在床上。**
	已经三个多星期了，李丽的感冒还没好。
……后，……，然后……	**王华起床后，很快洗了脸，刷了牙，吃完早饭，然后去坐地铁。**
	我进屋后，打开灯，找了个座位坐下，然后给朋友们打电话。
差点儿	**等他跑进办公室时，已经 8:55 了，差点儿就迟到了。**
	如果你不打电话告诉我你不在家，我差点儿就去你家找你了。
虽然……，但（是）……	**虽然每天都很忙，有很多事情要做，但王华觉得这样的生活很有意思。**
	虽然天气很热，但大家都在学习，准备明天的考试。

3. 汉语水平检测：按恰当的顺序组成句子

（1）我们班　差点儿就创造了新纪录　不断刷新成绩　在比赛中

（2）她虽然不懂音乐　她不只是爱我　但喜欢听我演奏　简直就是崇拜我啊

（3）我还看到　我不知道湖水有多深　只知道湖水很清　很亮　一条小鱼跳出水面

（4）把身体蜷成一团　我家小猫很贪睡　它常常趴在床上　在太阳底下睡大觉

三、写作实践

小组活动 1：两人一组，试一试，写一写

（1）试试看，下面的句子中，哪个词语的后面可以加上“着”？

> 已经 7:10 了，他还躺在床上，心里说：真想再多睡会儿。
>
> ……
>
> ……

（2）试试看，下面的语段中，什么地方可以加上“虽然”？什么地方可以加上“但是”？

闹钟响了，王华真不想起床。“已经 7:10 了，9 点要上班，再不起床，真要迟到了。”王华心里说。

……………………………………………………………………………………

……………………………………………………………………………………

（3）试试看，能否模仿“有一些电话要打，一些传真要发”，改写下面语段中画线的部分？

今天他有很多事情要做。<u>首先要看看邮箱，给客户回电子邮件；然后要和客户联系见面的事，中午陪客户一起吃饭；还要帮助经理订两张去广州的飞机票</u>。

……………………………………………………………………………………

……………………………………………………………………………………

（4）以下是范文中的三个句子，你认为哪两个句子有流水句的特点？

① 王华起床后，很快洗了脸，刷了牙，吃完早饭，然后去坐地铁。

② 出了地铁站，王华赶快向公司走去。很多人都在一楼等电梯。王华看了看表，决定跑上五楼。

③ 王华站在地铁上，给朋友发信息，打算约朋友一起去吃饭。

（5）请模仿下面的语段，说或写一段话（请用上以绿色标示的词语）。

王华打开电脑，准备开始工作。今天他有很多事情要做。首先要看看邮箱，给客户回电子邮件；然后要和客户联系见面的事，中午陪客户一起吃饭；还要帮助经理订两张去广州的飞机票；最后还有一些电话要打，一些传真要发。

小组活动 II：**两人一组，限时写作，之后互相交换，讨论一下**

请结合下面的图片，写一篇 50 字左右的短文。

（80字）

四 课后作文

1. 参考题目（可以选择一个题目，也可以自己想一个题目）

（1）我的一天

（2）忙碌的一天

（3）紧张的一周

（4）________________

2. 我打算这么写

（1）我的题目是：________________

（2）两人一组，说说你的写作思路：________________

____

（3）两人一组，说说可能用到的词语、句式。

范文中的词语、句式：

已经……了　　……后，……，然后……　　差点儿　　赶快

虽然……，但（是）……　　起床　　迟到　　发信息　　终于

可能用到的其他词语、句式：________________

____

3. 作文要求

（1）请根据你选择的题目，写一篇 300 ～ 350 字的作文。

（2）内容表述清楚，层次分明，符合汉语的表达习惯。

（3）尽量使用本课学习的语言知识，可以参考范文的结构方式。

（4）最好写在方格稿纸上。

我的作品（请把修改好的作文抄写在这里）

（100 字）

（200 字）

（300字）

（400字）

（500字）

3 第一印象可靠吗

上次作文讲评

提示

这次作业完成得怎么样？总体上有哪些进步？还有哪些共同的问题？（不少于50字，下次课抽查。偶尔想不起来的汉字，可以写拼音。）

老师总评

提示

请大家一起分享你们创造的精彩语句！请记下作文中用词恰当、表达地道的语句，把对你有用的常用词语、结构也写在这里。（不少于100字，下次课抽查。偶尔想不起来的汉字，可以写拼音。）

精彩语句展示

好好學習

提示

改正作文中的错误很重要。老师从你们的作文中找出了一些典型的错误，让我们一起来分析、改正这些错误吧！（不少于100字，下次课抽查。偶尔想不起来的汉字，可以写拼音。）

典型偏误分析

天天向上

提示

通过这次作文练习和作文评改，你有哪些心得、体会？（不少于50字，下次课抽查。偶尔想不起来的汉字，可以写拼音。）

学习心得

愉快走入第3课

一 范文阅读

1. 阅读范文，思考文章的写作思路。
2. 再读范文，体会文章的结构方式。
3. 三读范文，画出学到的重要词句。

第一印象可靠吗

由于多种原因，我们常常很快就形成[1]对一个人的看法，这种看法就是第一印象。据说，很多人都相信第一印象。有人说“第一印象太重要了”，第一印象常常成为决定成败的关键，这话说得很有道理。例如，一个人找工作的时候，给别人留下的第一印象不好，可能就得不到机会，但那个工作也许很适合他。

第一印象到底可靠不可靠呢？

我有一个好朋友，当初[2]他给我的第一印象坏极了。第一次见面我就觉得他脾气不好、别扭[3]。后来再见面，我发现他不是那样，脾气挺好的，和他在一起会觉得很舒服。慢慢地，我们成了好朋友。后来他告诉我，我们第一次见面那天，他刚好碰上了一件不高兴的事，心里正生气呢。

当然，也有相反的情况。有些人给我们留下的第一印象好极了，但时间一长，就会发现他们并不适合做朋友。

看来，很多情况下，第一印象并不那么可靠，了解一个人并不是一件容易的事。然而，说第一印象重要，却对极了。人们可能因为太相信第一印象，而失去[4]一个好朋友或失去一份好工作；也可能因为不相信第一印象，而做出错误的判断。

二 范文分析

1. 分析范文的写作思路

《第一印象可靠吗》的写作思路是这样的：作者先说明什么是第一印象，并指出第一印象的重要性。然后提出一个问题，即__________________。为了回答这个问题，作者________

1 形成 xíngchéng：to form, to take shape　通过发展变化，出现某种情况。
2 当初 dāngchū：at that time, at first　过去某个时候。
3 别扭 bièniu：disagreeable, difficult to deal with　不舒服，不顺心。
4 失去 shīqù：to lose, to miss　原来有的没有了。

________________，并简单说了一下相反的情况。最后，作者得出结论，虽然第一印象常常不可靠，但________________________。

2. 熟悉范文中的表达范例

重点词语或结构	例 句
由于	**由于多种原因，我们常常很快就形成对一个人的看法。**
	由于天气不太好，我决定不去跑步了。
据说	**据说，很多人都相信第一印象。**
	据说，后来他和我们班一女生结了婚。
到底	**第一印象到底可靠不可靠呢？**
	我的护照找不到了，到底放哪儿了呢？
看来	**看来，很多情况下，第一印象并不那么可靠。**
	我上午去银行，下午约了朋友。看来，今天又没有时间看书了。
并＋不／没（有）／非／无	**看来，很多情况下，第一印象并不那么可靠。**
	虽然你们批评我，但我觉得自己并没有做错什么。

3. 汉语水平检测：按恰当的顺序组成句子

（1）大家　最重要的　在一起　做好　工作　是把工作

（2）晚餐　都吃光了　但很有　很简单　所有的菜　特色

（3）每个人　当然　都有自己　我也不例外　喜欢的一本书

（4）我不想　我想上　在本地上学　远一点儿　外地的大学　好离父母

三 写作实践

小组活动 1：两人一组，试一试，写一写

（1）试试看，下面的句子中，什么地方可以加上“如果”？

> 例如，一个人找工作的时候，给别人留下的第一印象不好，可能就得不到机会，但那个工作也许很适合他。

（2）试试看，下面的语段中，什么地方可以加上“我们”？什么地方可以加上“可”？

> 第一次见面我就觉得他脾气不好、别扭。后来再见面，我发现他不是那样，脾气挺好的，和他在一起会觉得很舒服。

（3）试试看，能否用“由于”“据说”“到底”改写下面的语段？

> 有人说，朋友在我们的生活中非常重要，因为每个人都不可能生活在只有一个人的世界里。那么，朋友有哪些作用呢？这是今天我们要讨论的话题。

（4）范文中一共出现了三个流水句，例如：

① 后来他告诉我，我们第一次见面那天，他刚好碰上了一件不高兴的事，心里正生气呢。

你能从范文中找出另外两个流水句吗？此外，你能把下面的流水句补充完整吗？

范文中的流水句：

② ______

③ ______

请将下面的流水句补充完整：

第一次见面我就觉得他脾气不好、别扭，给我的第一印象坏极了，______，我相信我们不会成为朋友。

（5）请模仿下面的语段，说或写一段话（请用上以绿色标示的词语）。

然而，说第一印象重要，却对极了。人们可能因为太相信第一印象，而失去一个好朋友或失去一份好工作；也可能因为不相信第一印象，而做出错误的判断。

______

______

______

小组活动Ⅱ：两人一组，限时写作，之后互相交换，讨论一下

请结合下列词语（要全部使用），写一篇50字左右的短文。

由于　　据说　　看来　　到底　　看法

（80字）

四　课后作文

1. 参考题目（可以选择一个题目，也可以自己想一个题目）

（1）第一印象可靠吗

（2）第一印象对生活的影响

（3）我相信第一印象

（4）……

2. 我打算这么写

（1）我的题目是：……

（2）两人一组，说说你的写作思路：……

……

（3）两人一组，说说可能用到的词语、句式。

范文中的词语、句式：

据说　到底　看来　并＋不/没（有）/非/无　印象

可靠　有道理　机会　失去　由于

可能用到的其他词语、句式：……

……

3. 作文要求

（1）请根据你选择的题目，写一篇 300 ～ 400 字的作文。

（2）内容表述清楚，层次分明，符合汉语的表达习惯。

（3）尽量使用本课学习的语言知识，可以参考范文的结构方式。

（4）最好写在方格稿纸上。

我的作品（请把修改好的作文抄写在这里）

（100 字）

（200 字）

（300字）

（400字）

（500字）

4 标点符号的作用和用法

上次作文讲评

提示

这次作业完成得怎么样？总体上有哪些进步？还有哪些共同的问题？（不少于50字，下次课抽查。偶尔想不起来的汉字，可以写拼音。）

老师总评

提示

请大家一起分享你们创造的精彩语句！请记下作文中用词恰当、表达地道的语句，把对你有用的常用词语、结构也写在这里。（不少于100字，下次课抽查。偶尔想不起来的汉字，可以写拼音。）

精彩语句展示

好好学习

提示

改正作文中的错误很重要。老师从你们的作文中找出了一些典型的错误，让我们一起来分析、改正这些错误吧！（不少于100字，下次课抽查。偶尔想不起来的汉字，可以写拼音。）

典型偏误分析

天天向上

学习心得

提示：通过这次作文练习和作文评改，你有哪些心得、体会？（不少于50字，下次课抽查。偶尔想不起来的汉字，可以写拼音。）

愉快走入第4课

一 范文阅读

1. 阅读范文，思考文章的写作思路。
2. 再读范文，体会文章的结构方式。
3. 三读范文，画出学到的重要词句。

标点符号的作用和用法

你在读书、写文章时注意过标点符号吗？你知道标点符号在文章中有什么作用吗？很多人可能以为，读书、写文章，读的和写的都是汉字，和标点符号有什么关系呢？其实，这种看法是非常错误的。标点符号是汉语书面语言的重要组成部分，是表示停顿[1]和语气的重要手段[2]，是读书和写文章的重要工具。

在中国古代其实是没有标点符号的，所以要读懂文章，首先要断句，断不对句子，就会造成[3]误解[4]，甚至闹出笑话。例如，在一个雨天，一位男士家里来了客人，男士不想让客人住在家里，但又不好意思说出来，就写了一句话放在桌子上给客人看——“下雨天留客天留我不留”。男士想说：“下雨天留客，天留，我不留。”而客人却读成了：“下雨天，留客天，留我不？留！”没办法，男士只好让客人住在了家里。通过这个故事，你大概知道标点符号的作用有多大了。

下面表格中是汉语主要标点符号的基本用法。小标点大用处，在阅读，特别是写作过程[5]中处处用得上。记住，标点用不对是会闹笑话的呀。

符号	名称	用法
，	逗号	表示句子内部的停顿
。	句号	表示陈述句末尾的停顿
？	问号	表示疑问语气
、	顿号	表示并列词语之间的停顿
：	冒号	表示提起下文
“”	引号	标示文中引语或具有特殊意义的词语
；	分号	表示并列分句之间的停顿
……	省略号	标示省略的话

1 停顿 tíngdùn：pause　因为语言表达的需要而出现在句中或句末的短时间停止。
2 手段 shǒuduàn：means, method　方法、方式。
3 造成 zàochéng：to cause, to give rise to　引起，形成（不好的结果）。
4 误解 wùjiě：misunderstanding　不正确的理解。
5 过程 guòchéng：process　事物发展或事情进行的先后经过。

！	叹号	表示感叹语气
《》	书名号	标示书名、篇名
（）	括号	标示文中解释性的话
——	破折号	标示文中解释、说明的话
—	连接号	表示相关的时间、数目、地点等之间的连接

二 范文分析

1. 分析范文的写作思路

请用三句话说说《标点符号的作用和用法》的主要内容：

（1）______

（2）______

（3）______

2. 熟悉范文中的表达范例

重点词语或结构	例句
和……有……关系	**读书、写文章，读的和写的都是汉字，和标点符号有什么关系呢？**
	你知道吗？汉字和读书、写文章有很大的关系。
其实	**很多人可能以为，读书、写文章，读的和写的都是汉字，和标点符号有什么关系呢？其实，这种看法是非常错误的。**
	有人说汉语很难学，其实，说这话的差不多都是中国人。
而	**男士想说："下雨天留客，天留，我不留。"而客人却读成了："下雨天，留客天，留我不？留！"**
	我的意思是等考完试再去爬长城，而他却理解成了我不想去。
通过	**通过这个故事，你大概知道标点符号的作用有多大了。**
	通过一段时间的交往，我觉得他是一个非常值得信任的人。

3. 汉语水平检测：按恰当的顺序组成句子

（1）读完　想了一些事情　这本书　眼睛　我闭上

（2）我　景色美极了　坐在河边　河水　照在河水上　看着阳光　闪闪发光

（3）一逛就是　没课的时候　好长时间　要不去逛　图书馆　我要不在　书店

（4）老师和同学们了　今天是我们　我　开学的日子　又可以见到　起得特别早　开心极了

三 写作实践

小组活动 I：两人一组，试一试，写一写

（1）试试看，能否把下面的句子变成陈述句？

> 读书、写文章，读的和写的都是汉字，和标点符号有什么关系呢？
>
> ……………………………………

（2）试试看，下面这段话中的“而”还可以换成哪些词语？

> 男士想说：“下雨天留客，天留，我不留。”而客人却读成了：“下雨天，留客天，留我不？留！”
>
> ……………………………………
>
> ……………………………………

（3）据说，一位特别吝啬的家长给孩子请了一位家庭教师，并写了一份协议[6]：“无米面也可无鸡鸭也可无鱼肉也可无银钱也可”，整句话中没有一个标点符号。年终时，家庭教师向家长要薪水[7]，家长却说协议写得清清楚楚的，没有薪水。家庭教师说：“你看协议写得清清楚楚，应该有薪水。”最后，家庭教师成功要到了薪水。你觉得这份协议应该怎么加标点，家庭教师才能得到薪水？家长又是怎么加标点的？

6　协议 xiéyì：agreement　商量后取得的一致意见。

7　薪水 xīnshui：salary　工资。

教师：无 米 面 也 可 无 鸡 鸭 也 可 无 鱼 肉 也 可
无 银 钱 也 可
家长：无 米 面 也 可 无 鸡 鸭 也 可 无 鱼 肉 也 可
无 银 钱 也 可

（4）试试看，能否给每种标点符号举一个例子（一句话中可以使用多种标点符号）？

符号	名称	用法	例句
，	逗号	表示句子内部的停顿	
。	句号	表示陈述句末尾的停顿	
？	问号	表示疑问语气	
、	顿号	表示并列词语之间的停顿	
：	冒号	表示提起下文	
“”	引号	标示文中引语或具有特殊意义的词语	
；	分号	表示并列分句之间的停顿	
……	省略号	标示省略的话	
！	叹号	表示感叹语气	
《》	书名号	标示书名、篇名	
（ ）	括号	标示文中解释性的话	
——	破折号	标示文中解释、说明的话	
—	连接号	表示相关的时间、数目、地点等之间的连接	

小组活动 II：**两人一组，限时写作，之后互相交换，讨论一下**

请结合下列词语（要全部使用），写一篇 50 字左右的短文。

标点符号　　停顿　　语气　　其实　　和……有……关系

（80字）

四 课后作文

1. 参考题目（可以选择一个题目，也可以自己想一个题目）

（1）我和标点符号的故事

（2）汉语标点符号和＿＿＿＿＿＿语标点符号

（3）标点符号和阅读、写作

（4）＿＿＿＿＿＿＿＿

2. 我打算这么写

（1）我的题目是：＿＿＿＿＿＿＿＿

（2）两人一组，说说你的写作思路：＿＿＿＿＿＿＿＿

＿＿＿＿＿＿＿＿＿＿＿＿＿＿＿＿

（3）两人一组，说说可能用到的词语、句式。

范文中的词语、句式：

和……有……关系　　其实　　通过　　而　　标点符号

停顿　　语气　　工具　　手段

可能用到的其他词语、句式：＿＿＿＿＿＿＿＿

＿＿＿＿＿＿＿＿＿＿＿＿＿＿＿＿

3. 作文要求

（1）请根据你选择的题目，写一篇300～400字的作文。

（2）内容表述清楚，层次分明，符合汉语的表达习惯。

（3）尽量使用本课学习的语言知识，可以参考范文的结构方式。

（4）最好写在方格稿纸上。

我的作品（请把修改好的作文抄写在这里）

（100字）

（200字）

（300 字）

（400 字）

（500 字）

5 我的故乡

上次作文讲评

提示

这次作业完成得怎么样？总体上有哪些进步？还有哪些共同的问题？（不少于50字，下次课抽查。偶尔想不起来的汉字，可以写拼音。）

老师总评

提示

请大家一起分享你们创造的精彩语句！请记下作文中用词恰当、表达地道的语句，把对你有用的常用词语、结构也写在这里。（不少于100字，下次课抽查。偶尔想不起来的汉字，可以写拼音。）

精彩语句展示

提示

改正作文中的错误很重要。老师从你们的作文中找出了一些典型的错误，让我们一起来分析、改正这些错误吧！（不少于100字，下次课抽查。偶尔想不起来的汉字，可以写拼音。）

典型偏误分析

提示

通过这次作文练习和作文评改，你有哪些心得、体会？（不少于50字，下次课抽查。偶尔想不起来的汉字，可以写拼音。）

学习心得

愉快走入第5课

一 范文阅读

1. 阅读范文，思考文章的写作思路。
2. 再读范文，体会文章的结构方式。
3. 三读范文，画出学到的重要词句。

我的故乡

我的故乡在青岛。

青岛三面环海，一年四季[1]气候都不错。春天，青岛到处都是绿色；夏天只是中午有点儿热；秋天，青岛到处都是黄的和红的树叶，漂亮极了；冬天有时会下雪，但天气不会太冷。

青岛是一座山城，道路上上下下的，骑自行车的人比较少，只有来来往往的汽车。可能因为三面环海，青岛的空气非常不错。

青岛是一座著名的旅游[2]城市。我相信，很多人都知道青岛国际啤酒节。每年八月是青岛的啤酒节，世界各地有名的啤酒都会来到青岛。人们一边喝啤酒，一边聊天儿，啤酒的种类太多了，很多人喝着喝着就喝醉了。当然，青岛能成为一座著名的旅游城市，更是因为这里有海。站在海风中，听着海浪[3]的声音，闻着海水的咸味[4]，你一定会爱上这里。

青岛的海鲜[5]很不错。夏天的晚上，在海边的椅子上坐下，要几瓶啤酒，吃着新鲜的鱼虾[6]，那种感觉真是太美好了。

为了上学，我离开青岛，到了北京。虽然我很喜欢北京的生活，但是我更喜欢青岛的天气、环境、海鲜，尤其是青岛啤酒。

二 范文分析

1. 分析范文的写作思路

《我的故乡》首先介绍了青岛的气候，然后介绍了________________、________________、________________，最后抒发了“我”对故乡青岛的深厚感情。

---

1 四季 sìjì：four seasons　春夏秋冬四个季节。
2 旅游 lǚyóu：to tour, to travel　旅行，游览。
3 海浪 hǎilàng：sea wave　海里的波浪。
4 咸味 xián wèi：salty taste　像盐的味道。
5 海鲜 hǎixiān：seafood　可以吃的新鲜的海鱼、海虾等。
6 虾 xiā：shrimp　一种生活在水中的、可以吃的节肢动物。

2. 熟悉范文中的表达范例

重点词语或结构	例　句
到处	**春天，青岛到处都是绿色。**
	昆明是“春城”，一年四季到处都是游客。
一边……，一边……	**人们一边喝啤酒，一边聊天儿。**
	周末，我常常在操场一边跑步，一边听音乐。
V着V着	**啤酒的种类太多了，很多人喝着喝着就喝醉了。**
	我喜欢在房间看书，有时看着看着就睡着了。
尤其是	**但是我更喜欢青岛的天气、环境、海鲜，尤其是青岛啤酒。**
	和北京相比，我更喜欢上海的生活，尤其是上海的夜生活。

3. 汉语水平检测：按恰当的顺序组成句子

（1）先爬到山顶　周末去西山　很多　爬山的人　往山上爬　大家争着　看谁

（2）城西的文化街　历史　走过那里　一条路　是我最喜爱的　就会想起

（3）秋天却很长　北京　都是秋季　到水面结冰　的春天很短　从树叶变黄

（4）我最大的问题　尤其是　不会说了　是不会　碰到领导　和陌生人　就话也　打交道

三 写作实践

小组活动Ⅰ：两人一组，试一试，写一写

（1）试试看，能否用“尤其是”改写下面的句子？

当然，青岛能成为一座著名的旅游城市，主要是因为青岛有国际啤酒节，更是因为那里有海。

（2）试试看，能否用“一边……，一边……”改写下面的句子？

夏天的晚上，在海边的椅子上坐下，要几瓶啤酒，吃着新鲜的鱼虾，那种感觉真是太美好了。

....

....

（3）试试看，能否用“到处”“V着V着”改写下面的语段？

青岛国际啤酒节真是太棒了！在啤酒节上，你会发现自己周围全是啤酒。啤酒的牌子很多，很多人想把不同牌子的啤酒都尝一遍，可是因为尝得太多了，后来不知不觉就醉了。

....

....

....

（4）请从范文中找出两个流水句，并把另一个流水句补充完整。

范文中的流水句：

① ....

② ....

请将下面的流水句补充完整：

标点符号可以表示停顿、语气和感情色彩，和读书、写文章都有很大关系，

..............................，了解它们的意义和用法。

（5）请模仿下面的语段，说一说你家乡的气候。

> 青岛三面环海，一年四季气候都不错。春天，青岛到处都是绿色；夏天只是中午有点儿热；秋天，青岛到处都是黄的和红的树叶，漂亮极了；冬天有时会下雪，但天气不会太冷。

小组活动Ⅱ：两人一组，限时写作，之后互相交换，讨论一下

请结合下列词语（要全部使用），写一篇50字左右的短文。

一边……，一边……　　到处　　气候　　环境　　交通

（80字）

四　课后作文

1. 参考题目（可以选择一个题目，也可以自己想一个题目）

（1）我的故乡

（2）我熟悉的一个城市

（3）农村的生活

（4）……………………

2. 我打算这么写

（1）我的题目是：……………………

（2）两人一组，说说你的写作思路：……………………

……………………

（3）两人一组，说说可能用到的词语、句式。

范文中的词语、句式：

到处　一边……，一边……　V着V着　尤其是

气候　四季　旅游　环境

可能用到的其他词语、句式：……………………

……………………

3. 作文要求

（1）请根据你选择的题目，写一篇 300 ～ 400 字的作文。

（2）内容表述清楚，层次分明，符合汉语的表达习惯。

（3）尽量使用本课学习的语言知识，可以参考范文的结构方式。

（4）最好写在方格稿纸上。

我的作品（请把修改好的作文抄写在这里）

（100字）

（200字）

（300字）

（400字）

（500字）

6 愉快的周末

上次作文讲评

提示

这次作业完成得怎么样？总体上有哪些进步？还有哪些共同的问题？（不少于50字，下次课抽查。偶尔想不起来的汉字，可以写拼音。）

老师总评

提示

请大家一起分享你们创造的精彩语句！请记下作文中用词恰当、表达地道的语句，把对你有用的常用词语、结构也写在这里。（不少于100字，下次课抽查。偶尔想不起来的汉字，可以写拼音。）

精彩语句展示

好好学习

提示

改正作文中的错误很重要。老师从你们的作文中找出了一些典型的错误，让我们一起来分析、改正这些错误吧！（不少于100字，下次课抽查。偶尔想不起来的汉字，可以写拼音。）

典型偏误分析

天天向上

提示

通过这次作文练习和作文评改，你有哪些心得、体会？（不少于50字，下次课抽查。偶尔想不起来的汉字，可以写拼音。）

学习心得

……………………………………………………

……………………………………………………

……………………………………………………

愉快走入第6课

一、范文阅读

1. 阅读范文，思考文章的写作思路。
2. 再读范文，体会文章的结构方式。
3. 三读范文，画出学到的重要词句。

愉快的周末

来中国留学，最愉快的时间就是周末。

一般来说，每个星期五的下午就已经没有课了，所以周末从星期五下午就开始了。加上周六周日，一共是两天半的时间。周一到周五每天早上8点上课，让我很不习惯。周末的时间完全是自己的，不用早起，还可以做些自己感兴趣的事。

我喜欢美食，周末的时候常常和朋友们一起体验[1]中国菜。体验中国菜当然可以去饭馆，但我一般不会选择在周末去饭馆。为了体验地道[2]的中国家常菜，我一般会去朋友家，几个人一起做中国菜。例如，我的朋友曾经教我做过西红柿炒[3]鸡蛋、麻婆豆腐、宫保鸡丁等中国菜。为了学习一些菜的做法，我还专门买了一本做菜的书。我发现在学做中国菜的同时，我的汉语也进步了。

周末的夜生活也是我非常喜欢的。我常常在星期五的晚上去酒吧，有时候和朋友一起去，有时候自己去。中国的酒吧和我们国家的差不多，各种牌子的酒都有，人也非常多。大部分人去酒吧，可能是为了喝酒。我去酒吧虽然也喝酒，但从来不会喝醉。我去酒吧主要是为了认识新朋友，喝酒只是我认识新朋友的一种方式，我有好几个朋友都是在酒吧认识的。

此外[4]，我对郊游[5]也很感兴趣。如果周末天气好，我一定会骑上自行车，带上水和吃的，去郊外看看，呼吸呼吸新鲜的空气，放松[6]放松自己的心情，为下周的学习做好准备。

---

1 体验 tǐyàn：to experience　亲身经历。

2 地道 dìdao：real, genuine　真正的。

3 炒 chǎo：to stir-fry　一种做菜的方法，炒菜时要先放些油，并随时翻动。

4 此外 cǐwài：besides, in addition　除了上面说的情况以外。

5 郊游 jiāoyóu：to go on an excursion　到郊外游玩。

6 放松 fàngsōng：to relax　使自由，让压力变小。

二 范文分析

1. 分析范文的写作思路

《愉快的周末》介绍了“我”在中国的周末生活。文章首先说周末的时间很愉快，接着说明了____________________，然后分别介绍了“我”周末常常做的三件事：____________________、____________________、____________________。

2. 熟悉范文中的表达范例

重点词语或结构	例句
一般来说	**一般来说，每个星期五的下午就已经没有课了。**
	一般来说，每天下午 2:00 她都会在办公室。
此外	**此外，我对郊游也很感兴趣。**
	我喜欢读小说，此外，对历史和哲学也有兴趣。
对……感兴趣	**此外，我对郊游也很感兴趣。**
	除了乒乓球，我对足球和羽毛球也很感兴趣。
VV（动词重叠）	**呼吸呼吸新鲜的空气，放松放松自己的心情。**
	周末的时候，可以整理整理房间，看看电视。

3. 汉语水平检测：按恰当的顺序组成句子

（1）我们　让我们的生活　自己的爱好　每个人都有　变得丰富多彩　这些爱好

（2）大家　所以　千万别熬夜　容易衰老　喜欢开夜车的人

（3）越聊越高兴　在咖啡店　我们聊了　到了　很久很久　关门的时间　不知不觉

（4）看什么　天天坐在　一天比一天差　都模模糊糊的　电脑前面　她的视力

三 写作实践

小组活动1：两人一组，试一试，写一写

（1）试试看，下面的语段中，什么地方可以加上“一般来说”？

来中国留学，最愉快的时间就是周末。周一到周五每天早上 8 点上课，让我很不习惯。而周末的时间完全是自己的，想做什么就做什么，很自由。

（2）试试看，能否用“对……感兴趣”和“此外”改写下面的语段？

我非常喜欢做中国菜，更喜欢和朋友们一起享受美食。我也非常喜欢酒吧的夜生活，在那儿既能喝到各种牌子的酒，又能认识很多新的朋友。

（3）试试看，能否把“此外”后面的内容补充完整？

在朋友的帮助下，我很快适应了这里的生活。此外，

（4）请从范文中找出两个流水句，并把另一个流水句补充完整。

范文中的流水句：

①

②

请将下面的流水句补充完整：

星期一到星期五每天都有课，________________，几乎没有自己的时间，每天都要上课、写作业。

（5）试试看，介绍一下你的周末生活，用上“VV（动词重叠）”。

一般来说，我周末都没有什么重要的事。________________

____

____

____

小组活动 II：两人一组，限时写作，之后互相交换，讨论一下

请结合下列词语（要全部使用），写一篇50字左右的短文。

对……感兴趣　　一般来说　　体验　　愉快　　放松

（80字）

四 课后作文

1. 参考题目（可以选择一个题目，也可以自己想一个题目）

（1）我的周末生活

（2）愉快的留学生活

（3）难忘的大学生活

（4）____________

2. 我打算这么写

（1）我的题目是：____________

（2）两人一组，说说你的写作思路：____________

____

（3）两人一组，说说可能用到的词语、句式。

范文中的词语、句式：

对……感兴趣　此外　VV（动词重叠）　体验　放松

习惯　愉快　地道　中国菜

可能用到的其他词语、句式：____________

____

3. 作文要求

（1）请根据你选择的题目，写一篇 300 ～ 450 字的作文。

（2）内容表述清楚，层次分明，符合汉语的表达习惯。

（3）尽量使用本课学习的语言知识，可以参考范文的结构方式。

（4）最好写在方格稿纸上。

我的作品（请把修改好的作文抄写在这里）

（100字）

（200字）

（300字）

（400字）

（500字）

（600字）

7 到底发生了什么

上次作文讲评

提示

这次作业完成得怎么样？总体上有哪些进步？还有哪些共同的问题？（不少于50字，下次课抽查。偶尔想不起来的汉字，可以写拼音。）

老师总评

提示

请大家一起分享你们创造的精彩语句！请记下作文中用词恰当、表达地道的语句，把对你有用的常用词语、结构也写在这里。（不少于100字，下次课抽查。偶尔想不起来的汉字，可以写拼音。）

精彩语句展示

好好学习

提示

改正作文中的错误很重要。老师从你们的作文中找出了一些典型的错误，让我们一起来分析、改正这些错误吧！（不少于100字，下次课抽查。偶尔想不起来的汉字，可以写拼音。）

典型偏误分析

天天向上

提示

通过这次作文练习和作文评改，你有哪些心得、体会？（不少于50字，下次课抽查。偶尔想不起来的汉字，可以写拼音。）

学习心得

愉快走入第 7 课

一 范文阅读

1. 阅读范文，思考文章的写作思路。
2. 再读范文，体会文章的结构方式。
3. 三读范文，画出学到的重要词句。

到底发生了什么

周末，我和朋友一起去买电脑。

可能因为是周末，公共汽车开得很慢，后来越走越慢，最后竟然[1]停在了路上。开始的时候，大家没觉得奇怪，因为周末路上堵车太正常了。可后来大家越来越觉得不对劲[2]，都等了快10分钟了，车仍然堵在路上，走不了。又等了五六分钟，车终于开了，可是走了不到两步，又停下了。就这样，我们的车走走停停，停停走走，简直[3]像蜗牛[4]爬。我和朋友都很着急，其他乘客也都很着急，可是着急有什么用呢？

前面到底发生了什么事？所有人都想知道。虽然周末常常堵车，但从来没出现过今天这种情况。难道前面的红绿灯坏了？还是发生了交通事故[5]？都不像。即使红绿灯坏了，或发生了交通事故，警察也该处理完了。车上很多人都在打电话，说路上堵车，自己可能要迟到了。但车还是开不动，大家只能在车上等着，干着急[6]。

又过了30分钟，汽车终于到了车站。我们赶紧下车，即使走路也比坐车快啊！我们往前走了一站地，终于明白为什么今天这么堵了。

原来，有一只骆驼[7]从动物园跑了出来。不知道为什么，那只骆驼竟然趴[8]在马路中间不走了，所有车辆只能从骆驼身边小心地通过。虽然有司机和乘客下车，想把骆驼从路中间赶走，可那只骆驼说什么也不走……

---

1 竟然 jìngrán：unexpectedly　表示没有想到。
2 不对劲 bú duìjìn：abnormal　不正常。
3 简直 jiǎnzhí：at all, simply　表示完全如此，完全是。
4 蜗牛 wōniú：snail　一种爬行动物，爬行速度很慢。
5 事故 shìgù：accident　意外的事件。
6 干着急 gān zháojí：be anxious but unable to do anything　着急，但没有用。
7 骆驼 luòtuo：camel　一种动物，适于在沙漠中行走。
8 趴 pā：to lie face down, to lie on one's stomach　身体朝下卧倒。

二 写作实践

1. 参考话题（请选择一个话题）

（1）请根据范文最后一段，续写后面的内容。

原来，有一只骆驼从动物园跑了出来。不知道为什么，那只骆驼竟然趴在马路中间不走了，所有车辆只能从骆驼身边小心地通过。虽然有司机和乘客下车，想把骆驼从路中间赶走，可那只骆驼说什么也不走……

（2）请根据下面的开头，续写后面的内容。

晚上八点十分，从上海开往北京的高铁准时停在了北京南站。奇怪的是，所有车门并没有立刻打开。大家在车厢里都很着急，为什么车门迟迟不开呢？

（3）请根据下面的开头，续写后面的内容。

我和朋友约好，中午十二点在东来顺一起吃火锅。

想到路上可能会堵车，我不到十一点就出门了。今天真奇怪，路上没有什么车，一点儿都不堵，十五分钟不到，我就到了东来顺。

2. 作文要求

（1）发挥你的想象，自己拟一个题目，写一篇 350 ～ 450 字的作文。

（2）内容表述清楚，层次分明，符合汉语的表达习惯。

（3）最好写在方格稿纸上。

我的作品（请把修改好的作文抄写在这里）

（100字）

（200字）

（300字）

（400字）

（500字）

（600字）

8 搬　家

上次作文讲评

提示

这次作业完成得怎么样？总体上有哪些进步？还有哪些共同的问题？（不少于50字，下次课抽查。偶尔想不起来的汉字，可以写拼音。）

老师总评

提示

请大家一起分享你们创造的精彩语句！请记下作文中用词恰当、表达地道的语句，把对你有用的常用词语、结构也写在这里。（不少于100字，下次课抽查。偶尔想不起来的汉字，可以写拼音。）

精彩语句展示

好好学习

提示

改正作文中的错误很重要。老师从你们的作文中找出了一些典型的错误，让我们一起来分析、改正这些错误吧！（不少于100字，下次课抽查。偶尔想不起来的汉字，可以写拼音。）

典型偏误分析

天天向上

提示

通过这次作文练习和作文评改，你有哪些心得、体会？（不少于50字，下次课抽查。偶尔想不起来的汉字，可以写拼音。）

学习心得

愉快走入第 8 课

一 范文阅读

1. 阅读范文，思考文章的写作思路。
2. 再读范文，体会文章的结构方式。
3. 三读范文，画出学到的重要词句。

搬　家

最近，我决定搬家。我在学校里总是不能安心学习，一会儿想去买东西，一会儿想去跟朋友聊天儿。所以，我决定搬出学校宿舍，租一个比较安静的房子。

在朋友的帮助下，我终于在学校附近租到了一个房子。我对新房子很满意，离学校不太远，走路15分钟就能到。这里环境很不错，前面是公园，后面有一家很大的书店，周围没有来来往往的车辆[1]，很安静。

周末，我把东西搬进了新家，开始收拾房间。我租的房子不算大，可是有厨房，有卫生间，还有一个大房间，一个人住应该很舒服了。

门后边有一个很特别的家具，上面是衣架，可以挂衣服，下面可以放鞋。我把鞋整整齐齐地放在鞋架上，把帽子和外衣挂在衣架上。

大房间里有书柜[2]、衣柜，还有桌子、椅子和床。我把书放在书柜里，最上面放的是不常看的书，中间放的是常用的，词典当然放在最方便拿的地方。衣柜很大，我把带来的衣服都放了进去，还没有装满。我高兴极了，再买衣服就不用发愁[3]没地方放了。桌子也不小，放上电脑，还有一大块地方，可以放书，可以写字。我试了试椅子，也很舒服。真是太好了！

收拾完房间，我洗了个澡，打开微信，开始和朋友视频，晒[4]我的新房间。我打算请他们周末来我家玩儿，让他们也看看我的新家。

二　范文分析

1. 分析范文的写作思路

《搬家》的写作思路是这样的：________________→找房子→ 新房子的环境→房子的结构→介绍一个特别的家具→________________________→和朋友视频。

1　车辆 chēliàng：vehicle　各种车的总称。

2　柜 guì：cabinet　放衣服、书等的一种家具，如衣柜、书柜等。

3　发愁 fā//chóu：to worry　因为不知道该怎么办，而觉得不高兴、苦恼。

4　晒 shài：to share 展示自己的东西或信息，给大家分享。

2. 熟悉范文中的表达范例

重点词语或结构	例 句
在……帮助下	**在朋友的帮助下，我终于在学校附近租到了一个房子。**
	在大卫的帮助下，我去中国银行办了一张信用卡。
离	**我对新房子很满意，离学校不太远，走路15分钟就能到。**
	她住的地方离公司不是一般的远，坐车一个多小时才能到。
前面/后面/……+是/有+事物	**这里环境很不错，前面是公园，后面有一家很大的书店。**
	我们家前边有一家快餐店，左边是一座公园。
把……V在……上/里	**我把鞋整整齐齐地放在鞋架上，把帽子和外衣挂在衣架上。**
	李明没有把那张地图放在书柜里，而是贴在了墙上。

3. 汉语水平检测：按恰当的顺序组成句子

（1）也不说　脸上没有　她一句话　一点儿表情

（2）高兴起来　心情不好的朋友　给　看看能不能让他　打个电话吧

（3）但从小　普通话　说得不太好　他虽然生活　在上海长大　所以　在北京

（4）我喜欢整理　不常用的东西　舒适的生活环境　丢掉　给自己一个　物品

三 写作实践

小组活动Ⅰ：两人一组，试一试，写一写

（1）试试看，下面的句子中，什么地方可以加上“因为”？什么地方可以加上“所以”？

这里环境很不错，前面是公园，后面有一家很大的书店，周围没有来来往往的车辆，很安静。

（2）试试看，能否用“把”字句改写画线部分的语句？

我把书放在书柜里，<u>最上面放的是不常看的书</u>，<u>中间放的是常用的</u>，<u>词典当然放在最方便拿的地方</u>。

……………………………………

……………………………………

（3）试试看，用“有时……，有时……”能改写范文中的哪个句子？

……………………………………

……………………………………

（4）请从范文中找出两个流水句，并把另一个流水句补充完整。

范文中的流水句：

① ……………………………………

② ……………………………………

请将下面的流水句补充完整：

我对现在的房子很满意，环境很好，……………………，我打算约朋友们来玩儿。

（5）请模仿下面的语段，介绍一下你家（你住的地方）周围的环境。

我对新房子很满意，离学校不太远，走路 15 分钟就能到。这里环境很不错，前面是公园，后面有一家很大的书店，周围没有来来往往的车辆，很安静。

小组活动 II：两人一组，限时写作，之后互相交换，讨论一下

请结合这张图片，写一篇 50 字左右的短文。

（80字）

四 课后作文

1. 参考题目（可以选择一个题目，也可以自己想一个题目）

（1）换房间

（2）整理房间

（3）来到新的学校

（4）..............................

2. 我打算这么写

（1）我的题目是：..............................

（2）两人一组，说说你的写作思路：..............................

....

（3）两人一组，说说可能用到的词语、句式。

范文中的词语、句式：

在……帮助下　　前面 / 后面 / ……+ 是 / 有 + 事物

把……V 在……上 / 里　　离　　收拾　　环境　　满意

安静　　附近　　周围

可能用到的其他词语、句式：..

....

3. 作文要求

（1）请根据你选择的题目，写一篇 300 ～ 450 字的作文。

（2）内容表述清楚，层次分明，符合汉语的表达习惯。

（3）尽量使用本课学习的语言知识，可以参考范文的结构方式。

（4）最好写在方格稿纸上。

我的作品（请把修改好的作文抄写在这里）

（100字）

（200字）

（300字）

（400字）

（500字）

（600字）

9 如果我是汉语老师

上次作文讲评

提示

这次作业完成得怎么样？总体上有哪些进步？还有哪些共同的问题？（不少于50字，下次课抽查。偶尔想不起来的汉字，可以写拼音。）

老师总评

提示

请大家一起分享你们创造的精彩语句！请记下作文中用词恰当、表达地道的语句，把对你有用的常用词语、结构也写在这里。（不少于100字，下次课抽查。偶尔想不起来的汉字，可以写拼音。）

精彩语句展示

提示

改正作文中的错误很重要。老师从你们的作文中找出了一些典型的错误，让我们一起来分析、改正这些错误吧！（不少于100字，下次课抽查。偶尔想不起来的汉字，可以写拼音。）

典型偏误分析

提示

通过这次作文练习和作文评改，你有哪些心得、体会？（不少于50字，下次课抽查。偶尔想不起来的汉字，可以写拼音。）

学习心得

愉快走入第9课

一 范文阅读

1. 阅读范文，思考文章的写作思路。
2. 再读范文，体会文章的结构方式。
3. 三读范文，画出学到的重要词句。

如果我是汉语老师

我的梦想是当一名汉语老师，好好教我的学生学习汉语，让他们说一口地道、流利的汉语。

首先，如果我是汉语老师，我会根据汉语的语言特点进行教学。汉语是有声调的语言，我会认真教学生学会四声——妈（mā）、麻（má）、马（mǎ）、骂（mà）。汉语不是拼音文字，是表意[1]文字，汉字的作用十分重要。作为汉语老师，我会从初级阶段就开始强调学习汉字的重要性，不但要让学生知道汉字的读音和字形，而且要让他们知道汉字的意义。另外，汉语的语法也和其他语言有很多差别，比如汉语没有形态变化[2]、有很多量词、有“把”字句等特殊的句式，这些特点都应该让学生理解。

其次，如果我是汉语老师，我会坚持“两条腿走路”，不仅做一名汉语老师，也做一名语言研究者。只有把汉语的语言特点研究明白了，例如怎么正确使用“了”、什么时候使用“把”字句等，才能更好地教学生。同时，在汉语教学中我也会发现一些问题，这些问题会激发[3]我进行更深入的研究。所以，教学和研究是互相促进[4]的，不能只教学不研究，也不能只研究不教学。

最后，如果我是汉语老师，我会严格要求学生在课上只能说汉语，认真纠正学生的发音、汉字和语法问题。课下我会给学生留作业，以便他们好好复习课上学习的内容。我还会告诉学生要利用一切机会多说汉语，多用汉语，不要怕出错，就算错了也不会丢面子，因为没有人会笑话你。

总之，如果以后能成为汉语老师，我一定会坚持[5]做到以上三点，让自己成为一名受欢迎的汉语老师。

---

1 表意 biǎoyì：ideographic　用符号来表示字和词的意义。

2 形态变化 xíngtài biànhuà：morphological change, inflection　这里指词的内部变化形式。

3 激发 jīfā：to motivate, to stimulate　激励使奋发。

4 促进 cùjìn：to promote, to accelerate　推动发展。

5 坚持 jiānchí：to insist, to persist in　维持，不改变。

二 范文分析

1. 分析范文的写作思路

《如果我是汉语老师》的写作思路是这样的：文章先指出“我”的梦想是成为汉语老师，接着写如果能成为汉语老师，“我”会坚持做到三点——________________、________________、________________，最后写对自己的期望。

2. 熟悉范文中的表达范例

重点词语或结构	例　句
另外	**作为汉语老师，我会从初级阶段就开始强调学习汉字的重要性……。另外，汉语的语法也和其他语言有很多差别……，这些特点都应该让学生理解。**
	老师每天让我们写汉字，另外，每次课也都会给我们留作业。
不仅……，也……	**我会坚持“两条腿走路”，不仅做一名汉语老师，也做一名语言研究者。**
	学习一门新的语言，不仅需要努力，也需要好的学习方法。
只有……，才……	**只有把汉语的语言特点研究明白了……，才能更好地教学生。**
	只有多写多练，才能把作文写好，没有其他的好办法。
以便	**课下我会给学生留作业，以便他们好好复习课上学习的内容。**
	公园打算再增加一些新的椅子，以便游人坐着休息。

3. 汉语水平检测：按恰当的顺序组成句子

（1）为了节约用电　随手关灯　要注意　日常生活中

（2）无法形容的　他的病人　恢复了健康　医生看到　那种快乐是语言

（3）正好那天　我去不了　朋友约我　只能跟她说　去喝茶　我有事

（4）两个星期了　把它们扔掉　那瓶花开了　屋子里满是　我真舍不得　淡淡的花香

三 写作实践

小组活动1：两人一组，试一试，写一写

（1）试试看，能否用“不仅……，也……”改写下面的句子？

作为汉语老师，我会从初级阶段就开始强调学习汉字的重要性，不但要让学生知道汉字的读音和字形，而且要让他们知道汉字的意义。

......

......

（2）试试看，能否用“另外”改写下面的语段？

如果我是汉语老师，我会认真纠正学生的发音、汉字和语法问题。课下我会给学生留作业，以便他们好好复习课上学习的内容。我还会告诉学生要利用一切机会多说汉语，多用汉语，不要怕出错，就算错了也不会丢面子，因为没有人会笑话你。

......

......

......

（3）试试看，能否用“以便”改写下面的语段？

如果我是汉语老师，我会坚持“两条腿走路”，一边做老师，一边研究汉语。让教学和研究互相促进，不断发现更好的教学方法，促进教学质量的提高。

......

......

（4）请从范文中找出两个流水句，并把另一个流水句补充完整。

范文中的流水句：

① ......

② ......

请将下面的流水句补充完整：

我的梦想是当一名医生，......，让他们不再痛苦，和健康的人一样，能够愉快地生活和工作。

（5）请模仿下面的语段，介绍一下你们国家语言的主要特点。

汉语是有声调的语言，普通话有四个声调——妈（mā）、麻（má）、马（mǎ）、骂（mà）。汉语不是拼音文字，是表意文字，汉字的作用十分重要。学习汉语，应该从初级阶段就重视汉字学习，学习者不但要知道汉字的读音和字形，而且要知道汉字的意义。另外，汉语的语法也和其他语言有很大差别，比如汉语没有形态变化、有很多量词、有“把”字句等特殊句式，这些都是汉语的独特之处。

......

......

......

......

......

小组活动Ⅱ：两人一组，限时写作，之后互相交换，讨论一下

请结合这张图片，写一篇50字左右的短文。

（80字）

四　课后作文

1. 参考题目（可以选择一个题目，也可以自己想一个题目）

（1）如果我是汉语老师

（2）如果我是初级汉语学习者

（3）如果我是高级汉语学习者

（4）..............................

2. 我打算这么写

（1）我的题目是：..............................

（2）两人一组，说说你的写作思路：________________

____

（3）两人一组，说说可能用到的词语、句式。

范文中的词语、句式：

另外　不仅……，也……　只有……，才……　以便

地道　流利　形态变化　拼音文字　语法　教学

研究　留作业　面子

可能用到的其他词语、句式：________________

____

3. 作文要求

（1）请根据你选择的题目，写一篇 300 ～ 450 字的作文。

（2）内容表述清楚，层次分明，符合汉语的表达习惯。

（3）尽量使用本课学习的语言知识，可以参考范文的结构方式。

（4）最好写在方格稿纸上。

我的作品（请把修改好的作文抄写在这里）

（100字）

（200字）

（300字）

（400字）

（500字）

（600字）

10 关于出行方式的调查

上次作文讲评

提示

这次作业完成得怎么样？总体上有哪些进步？还有哪些共同的问题？（不少于50字，下次课抽查。偶尔想不起来的汉字，可以写拼音。）

老师总评

提示

请大家一起分享你们创造的精彩语句！请记下作文中用词恰当、表达地道的语句，把对你有用的常用词语、结构也写在这里。（不少于100字，下次课抽查。偶尔想不起来的汉字，可以写拼音。）

精彩语句展示

好好学习

提示

改正作文中的错误很重要。老师从你们的作文中找出了一些典型的错误，让我们一起来分析、改正这些错误吧！（不少于100字，下次课抽查。偶尔想不起来的汉字，可以写拼音。）

典型偏误分析

天天向上

提示

通过这次作文练习和作文评改，你有哪些心得、体会？（不少于50字，下次课抽查。偶尔想不起来的汉字，可以写拼音。）

学习心得

....

....

....

愉快走入第10课

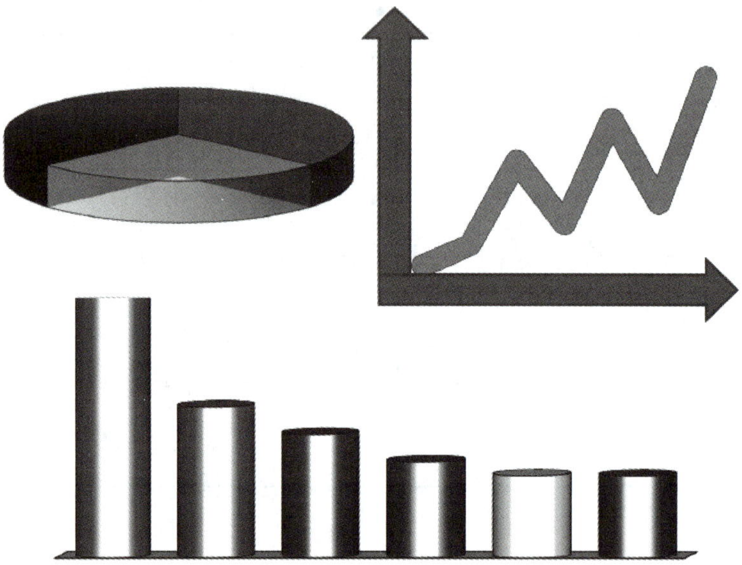

一 范文阅读

1. 阅读范文，思考文章的写作思路。
2. 再读范文，体会文章的结构方式。
3. 三读范文，画出学到的重要词句。

关于出行方式的调查

乘公共汽车、开私家车、坐出租车、坐地铁、骑自行车和步行（走路），是城市人的全部出行方式。从下图可以看出，选择以上出行方式的分别占30%、20%、10%、30%、5%、5%。

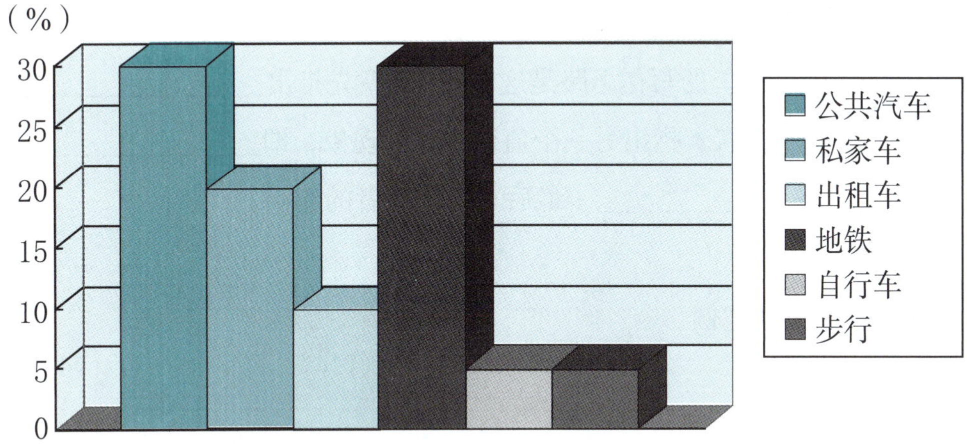

以上调查告诉我们，选择公共汽车和地铁的人数最多，占全部出行人数的60%，原因是前者价格便宜，后者有时间保证。值得注意的是，虽然都是公共交通工具，但选择出租车的人数比选择公共汽车和地铁的人数少很多。这当然和价格有关，因为打车比较贵。

另一个值得注意的现象[1]是，有20%的人选择自己开车，这个数字只比选择乘公共汽车、坐地铁等公共交通方式的低10%。选择私家车出行当然舒服，也不挤，但如果私家车越来越多，城市的交通可能会更加拥挤[2]，很多上班的人可能会把更多的时间浪费在路上。

除了公共交通工具、私家车，还有人选择自行车、步行，二者[3]一共占10%。其实，如果距离不是太远，骑自行车或者走路并不是不好的选择。这两种方式既能锻炼身体，又不挨挤，还很环保，另外，还能省下一笔不小的交通费。

---

1 现象 xiànxiàng：phenomenon 事物发展和变化的表现。
2 拥挤 yōngjǐ：crowded 车、船等很多，但地方很小。
3 二者 èrzhě：the former and the latter 这两个。

为了让城市的交通更加方便，政府应该努力发展公共交通。只要公共交通足够[4]方便、舒适[5]，就会有更多的人选择公共交通，这对一个城市的交通、环境都是非常有利的。

二 范文分析

1. 分析范文的写作思路

《关于出行方式的调查》的写作思路是这样的：文章先指出____________________；然后____________________；接着指出另一个值得注意的现象，即____________________；此外还分析了________________________；最后写的是作者的建议。

2. 熟悉范文中的表达范例

重点词语或结构	例　句
分别 + V	**选择以上出行方式的分别占 30%、20%、10%、30%、5%、5%。**
	去年和前年，失业人数分别增加了 3% 和 4%。
占	**选择公共汽车和地铁的人数最多，占全部出行人数的 60%。**
	我们公司女职员比较多，大概占全体职员的 70%。
前者……，后者……	**原因是前者价格便宜，后者有时间保证。**
	选择公共汽车和地铁出行的人数最多，前者占 30%，后者占 35%。
除了……，还……	**除了公共交通工具、私家车，还有人选择自行车、步行。**
	参加会议的除了公司所有员工，还有一些新闻记者。
既……，又……	**这两种方式既能锻炼身体，又不挨挤，还很环保。**
	我想搬家，搬到一个既离公司近，又购物方便的地方。

4 足够 zúgòu：to be enough　达到能满足需要的程度。

5 舒适 shūshì：comfortable　舒服。

3. 汉语水平检测：按恰当的顺序组成句子

（1）的人数　分别占　远途出行　选择飞机和高铁　30%和40%

（2）私家车的增加　我生活的城市　变得更加拥挤　和其他城市一样　使城市交通

（3）当然　选择出租车出行的人数　比选择地铁的　是前者价格更高　少得多　主要原因

（4）最愿意选择的　在我生活的城市　交通工具　大家出行　是公共汽车和地铁

三、写作实践

小组活动1：两人一组，试一试，写一写

（1）试试看，能否用“分别＋V”改写下面的句子？

从上图可以看出，本科生人数增加了10%，研究生人数增加了15%。

……………………………………

（2）试试看，能否用两个“既……，又……”改写下面的句子？

选择私家车出行当然舒服，也不挤，但如果私家车越来越多，城市的交通可能会更加拥挤，很多上班的人可能会把更多的时间浪费在路上。

……………………………………

……………………………………

……………………………………

（3）试试看，能否用“除了……，还……”和“……比……”改写下面的语段？

我住的地方虽然离工作的地方比较远，但交通很方便。我可以乘公共汽车去公司，也可以坐地铁去。上下班高峰的时候，路上有时会堵车，因此坐地铁会更快一些。

（4）试试看，能否用“前者……，后者……”改写下面的语段？

在农村和城市生活都是不错的选择。在农村生活，环境比较安静，只是交通可能不是很方便。在城市生活，交通方便，但环境比不上农村。

（5）请用“值得注意的是，……”和“另一个值得注意的现象是，……”说说你们国家近年来生活情况的变化。

小组活动 II：两人一组，限时写作，之后互相交换，讨论一下

下图是某位同学一周的消费情况，请结合这张统计图，写一篇 50 字左右的短文。

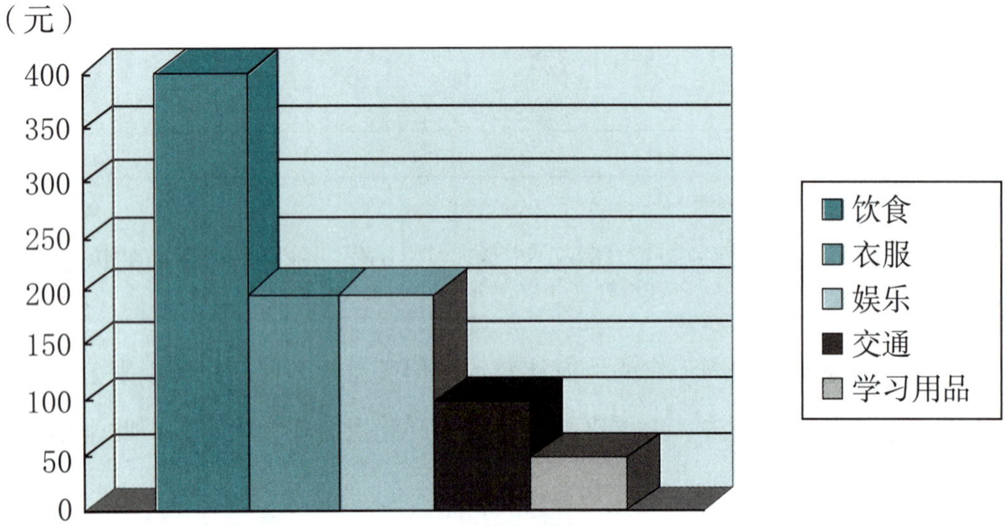

（80字）

四 课后作文

1. 参考题目：一个月的消费

下面是李明平均每个月的消费情况：

项目	租房	饮食	衣服	娱乐	学习用品	其他
支出	4000元	2000元	1200元	2000元	200元	600元

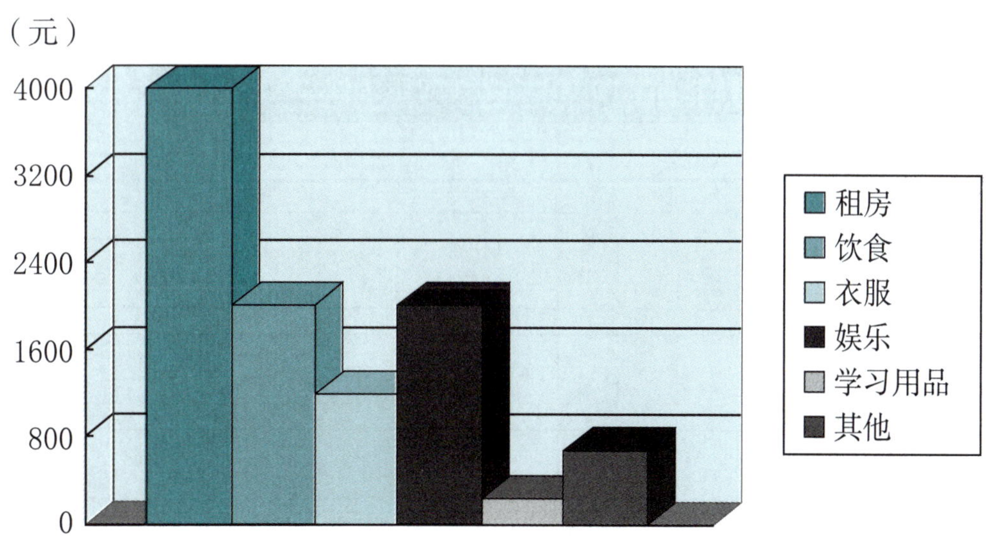

2. 我打算这么写

（1）我的题目是：............

（2）两人一组，说说你的写作思路：............

....

（3）两人一组，说说可能用到的词语、句式。

范文中的词语、句式：

分别+V　　占　　前者……，后者……　　除了……，还……

既……，又……　　数字　　足够　　舒适　　现象　　二者

可能用到的其他词语、句式：________________

____

3. 作文要求

（1）请根据上面的图表，写一篇450字左右的作文。

（2）内容表述清楚，层次分明，符合汉语的表达习惯。

（3）尽量使用本课学习的语言知识，可以参考范文的结构方式。

（4）最好写在方格稿纸上。

我的作品（请把修改好的作文抄写在这里）

（100字）

（200字）

（300字）

（400字）

（500字）

（600字）

11 中国春节在海外

上次作文讲评

提示

这次作业完成得怎么样？总体上有哪些进步？还有哪些共同的问题？（不少于50字，下次课抽查。偶尔想不起来的汉字，可以写拼音。）

老师总评

提示

请大家一起分享你们创造的精彩语句！请记下作文中用词恰当、表达地道的语句，把对你有用的常用词语、结构也写在这里。（不少于100字，下次课抽查。偶尔想不起来的汉字，可以写拼音。）

精彩语句展示

提示

改正作文中的错误很重要。老师从你们的作文中找出了一些典型的错误，让我们一起来分析、改正这些错误吧！（不少于100字，下次课抽查。偶尔想不起来的汉字，可以写拼音。）

典型偏误分析

提示

通过这次作文练习和作文评改，你有哪些心得、体会？（不少于50字，下次课抽查。偶尔想不起来的汉字，可以写拼音。）

学习心得

....

....

....

愉快走入第11课

一 范文阅读

1. 阅读范文，思考文章的写作思路。
2. 再读范文，体会文章的结构方式。
3. 三读范文，画出学到的重要词句。

中国春节在海外

春节是中国最重要的传统节日，对中国人有着特殊[1]的意义。春节不仅是一个节日，也是一种文化符号[2]。随着中国的发展和开放，春节也在慢慢走出国门。有人说，春节不仅是中国的，也是世界的。

海外华人和留学生在春节期间常常举办各种各样的节日活动。不少国家都有唐人街（或称“中国城”），那里生活着很多华人。春节期间那里非常热闹，到处都是红灯笼[3]、春联[4]和“福”字，有时还有舞龙舞狮。这样的热闹场面不仅吸引了华人、留学生，也吸引了很多当地人。很多对中国文化感兴趣的当地人都会去唐人街逛逛，一是看热闹，二是近距离感受一下节日气氛。有些当地人是很懂中国文化的，在路上看到华人，会说一句“恭喜发财[5]”。

除了这些热闹的场面，年夜饭和春晚也是必不可少的。居住在海外的华人，除夕夜会吃一顿丰盛的年夜饭，晚上也会准时看春晚。零点一过，他们也像国内一样，用微信拜年、发红包、抢红包，充满了浓浓的年味。

英国广播公司（BBC）的纪录片[6]《中国新年——全球最大庆典》（*Chinese New Year: The Biggest Celebration on Earth*），讲述了中国的春节故事和习俗[7]。中国人回家过年的传统文化，包饺子、贴春联、看春晚、拜年等传统风俗习惯，以及中国南北各地的饮食文化和舞龙舞狮等民俗文化，都给人留下了很深的印象。如今，中国春节的这些文化元素[8]在海外很多国家也可以看到。

1 特殊 tèshū：special　和一般事物或平常情况不一样的。
2 符号 fúhào：symbol, sign　标记。
3 灯笼 dēnglong：lantern　挂起来或手提的照明用具。
4 春联 chūnlián：Spring Festival couplets　春节时贴的对联。
5 恭喜发财 gōngxǐ fācái：may you be happy and prosperous　春节时说的祝福语。
6 纪录片 jìlùpiàn：documentary　专门讲述某一问题或事件的影片。
7 习俗 xísú：custom　习惯和风俗。
8 元素 yuánsù：element, factor　构成事物的重要因素。

二 范文分析

1. 分析范文的写作思路

《中国春节在海外》用四段介绍了中国的春节。作者先写____________________，再写____________________，接着写____________________，最后写____________________。

2. 熟悉范文中的表达范例

重点词语或结构	例句
随着	**随着中国的发展和开放，春节也在慢慢走出国门。**
	随着春节的到来，到处都充满了年味。
期间	**海外华人和留学生在春节期间常常举办各种各样的节日活动。**
	放假期间，学校里几乎没有学生。
一是……，二是……	**很多对中国文化感兴趣的当地人都会去唐人街逛逛，一是看热闹，二是近距离感受一下节日气氛。**
	我选择来中国，一是想学地道的汉语，二是为了我的工作。
除了……，也……	**除了这些热闹的场面，年夜饭和春晚也是必不可少的。**
	除了北京、上海等大城市，一些小城市和农村我也去过。

3. 汉语水平检测：按恰当的顺序组成句子

（1）要面子　动物也懂得　也想不到的是　人类做梦

（2）会脸红的动物　人和动物　有什么　当然有　不同吗　人是唯一

（3）都会去散步　每天早上　我差不多　大约走40分钟　沿着河边　六七点钟

（4）忠实爱好者　上海、北京两地的　分别有　人口中　是冰淇淋的　55.0%和46.5%

三、写作实践

小组活动 I：**两人一组，试一试，写一写**

（1）试试看，能否用“随着”把下面的句子补充完整？

__________，中国春节的这些文化元素在海外很多国家也可以看到。

（2）试试看，能否用“期间”改写下面的句子？

春节放假的几天，他们也像国内一样，用微信拜年、发红包、抢红包，享受丰盛的美食，到处都充满了浓浓的年味。

____

____

（3）试试看，能否用“一是……，二是……”改写下面的句子？

纪录片《中国新年——全球最大庆典》（*Chinese New Year: The Biggest Celebration on Earth*）给人留下了很深的印象，不仅因为它讲述了中国人回家过年的传统文化，也因为它让全世界看到了中国人包饺子、贴春联、看春晚等传统风俗习惯和各地的饮食文化。

____

____

____

____

（4）请从范文中找出两个流水句，并把下面的五个小句整理成流水句。

范文中的流水句：

①……………………………………

②……………………………………

请将下面的小句整理成流水句：

A：有时还有人伴着音乐跳舞

B：那里常常有很多人在玩儿

C：到处都是站着聊天儿的人

D：夏天的夜晚那里很热闹

E：不少地方都有很大的广场

正确的语序是：……………………

（5）请模仿下面的语段，介绍一个你们国家的重要节日（请用上以绿色标示的词语）。

春节是中国最重要的传统节日，对中国人有着特殊的意义。春节不仅是一个节日，也是一种文化符号。随着中国的发展和开放，春节也在慢慢走出国门，在海外变得越来越受欢迎。有人说，春节不仅是中国的，也是世界的。

小组活动 II：**两人一组，限时写作，之后互相交换，讨论一下**

请结合下列词语（要全部使用），写一篇 60 字左右的短文。

一是……，二是……　　传统节日　　文化　　习俗　　期间

（80 字）

四 课后作文

1. 参考题目（可以选择一个题目，也可以自己想一个题目）

（1）一个重要的节日

（2）我最喜欢的传统节日

（3）……………………

2. 我打算这么写

（1）我的题目是：……………………

（2）两人一组，说说你的写作思路：……………………

……………………

（3）两人一组，说说可能用到的词语、句式。

范文中的词语、句式：

一是……，二是…… 除了……，也…… 随着 期间 传统

文化符号 文化元素 举办 热闹 感受 习俗

可能用到的其他词语、句式：……………………

……………………

3. 作文要求

（1）请根据你选择的题目，写一篇 450 ～ 500 字的作文。

（2）内容表述清楚，层次分明，符合汉语的表达习惯。

（3）尽量使用本课学习的语言知识，可以参考范文的结构方式。

（4）最好写在方格稿纸上。

我的作品（请把修改好的作文抄写在这里）

（100 字）

（200 字）

（300 字）

（400 字）

（500 字）

（600 字）

12 橘子皮的用途

上次作文讲评

提示

这次作业完成得怎么样？总体上有哪些进步？还有哪些共同的问题？（不少于50字，下次课抽查。偶尔想不起来的汉字，可以写拼音。）

老师总评

提示

请大家一起分享你们创造的精彩语句！请记下作文中用词恰当、表达地道的语句，把对你有用的常用词语、结构也写在这里。（不少于100字，下次课抽查。偶尔想不起来的汉字，可以写拼音。）

精彩语句展示

好好学习

提示

改正作文中的错误很重要。老师从你们的作文中找出了一些典型的错误，让我们一起来分析、改正这些错误吧！（不少于100字，下次课抽查。偶尔想不起来的汉字，可以写拼音。）

典型偏误分析

天天向上

提示

通过这次作文练习和作文评改，你有哪些心得、体会？（不少于50字，下次课抽查。偶尔想不起来的汉字，可以写拼音。）

学习心得

愉快走入第12课

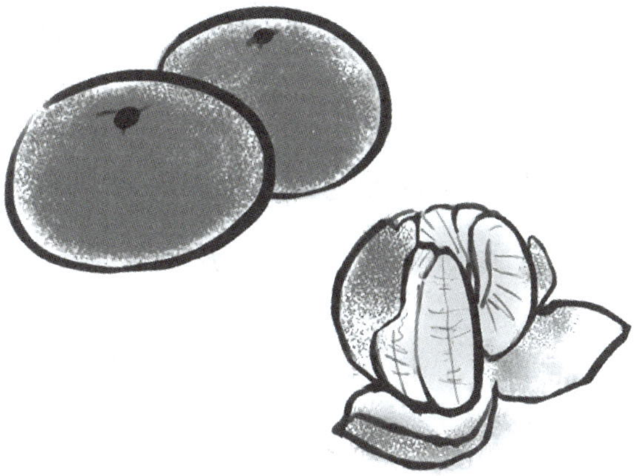

一 范文阅读

1. 阅读范文，思考文章的写作思路。
2. 再读范文，体会文章的结构方式。
3. 三读范文，画出学到的重要词句。

橘子皮的用途

橘子是一种很好的水果，不但好吃，而且营养丰富。橘子的果肉中有大量的维生素[1]C，比苹果、梨、葡萄等水果中的要高出几十倍，对人们的健康非常重要。维生素C不但能够让身体更加健康，还能够预防[2]一些疾病。

你可能会说，这些我都知道。可是你知道吗，橘子皮中的维生素C比果肉中的还要丰富。你可能会问，虽然橘子皮含有大量的维生素C，但橘子皮能吃吗？回答是“能”。下面我就给你介绍几种橘子皮的吃法。

一、橘皮酒

把少量的橘子皮洗干净，晒干，泡[3]在白酒中，大约20天后就可以喝了。如果你感冒咳嗽，橘皮酒对你就特别合适。毕竟有一种橘子皮就可以制成“陈皮”，而陈皮是一味有名的中草药，可以帮助治疗咳嗽、腹胀等。

二、橘皮茶

把洗干净的橘子皮切成丝，可以泡茶喝。可以只用开水泡，也可以和茶叶一起泡。橘皮茶不仅有很香的味道，而且能让人变得有精神。

三、橘皮粥[4]

在做大米粥时，放入几块干净的橘子皮，煮熟后就成了橘皮粥。橘皮粥不仅好喝，而且对消化不好或咳嗽痰多的人具有治疗[5]作用。

四、橘皮汤

如果你喝酒喝多了，可以用新鲜的橘子皮，加上一点儿盐，做成汤喝下去，醒酒[6]的效果非常好。

橘子虽然是好东西，但吃橘子也要注意，不是吃得越多越好。一般来说，橘子每天最多只能吃3个，因为每人每天需要的维生素C吃3个橘子就足够了，吃多了反而[7]对牙齿有害。

---

1 维生素 wéishēngsù：vitamin　以前叫“维他命”。
2 预防 yùfáng：to take precautions against　事先防备。
3 泡 pào：to soak　长时间放在水等液体中。
4 粥 zhōu：porridge　用粮食和水煮成的半流质食物。
5 治疗 zhìliáo：to treat, to cure　消除疾病。
6 醒酒 xǐng//jiǔ：to dispel the effects of alcohol, to sober up　使人从醉酒到清醒。
7 反而 fǎn'ér：on the contrary, instead　表示和想的相反。

二 范文分析

1. 分析范文的写作思路

《橘子皮的用途》主要介绍了橘子皮的用途。和其他水果相比，橘子的果肉中__________________________________；和果肉相比，橘子皮中__________________。作者一共介绍了橘子皮的四种用途，分别是____________、____________、____________和____________。文章最后指出，__________________。

2. 熟悉范文中的表达范例

重点词语或结构	例句
比……还……	**橘子皮中的维生素C比果肉中的还要丰富。**
	北京的冬天很冷，可哈尔滨的冬天比北京的还要冷。
把+N/NP+V+C	**把少量的橘子皮洗干净，晒干，泡在白酒中。**
	我把作业写完，把房间打扫干净，就去跑步了。
V+N/NP+V+C（两个V为同一动词）	**如果你喝酒喝多了，可以……做成汤喝下去。**
	看书看累的时候，可以躺在沙发上睡一小会儿。
反而	**橘子每天最多只能吃3个……吃多了反而对牙齿有害。**
	有些事情不需要解释太多，解释多了反而让人觉得不可信。

3. 汉语水平检测：按恰当的顺序组成句子

（1）我就会　每当遇到　去逛街　和朋友一起　不开心的事

（2）淡水资源短缺　意义重大　海水淡化技术　对于缓解　的成熟　的现状

（3）吸引人的注意　现在的孩子　希望用　都追求时尚　自己的个性

（4）而且会越洗越脏　有人告诉你　洗衣机不但不能　你相信吗　洗净衣物

三 写作实践

小组活动Ⅰ：两人一组，试一试，写一写

（1）试试看，能否把下面的句子改写成带有“比……还……”的句子？

> 橘子的果肉中有大量的维生素C，苹果、梨、葡萄等水果也含有维生素C，但前者的维生素C更多。
>
> ……………………
>
> ……………………

（2）试试看，能否把下面的句子改写成“把”字句？

> 在做大米粥时，放入几块干净的橘子皮，煮熟后就成了橘皮粥。
>
> ……………………

（3）试试看，模仿下面的语段，说说“咖啡不是喝得越多越好”（请用上以绿色标示的词语）。

> 橘子虽然是好东西，但吃橘子也要注意，不是吃得越多越好。一般来说，橘子每天最多只能吃3个，因为每人每天需要的维生素C吃3个橘子就足够了，吃多了反而对牙齿有害。

（4）请从范文中找出两个流水句，并把下面的语段改写成流水句。

> 范文中的流水句：
>
> ①……………………
>
> ②……………………

请将下面的语段改写成流水句：

橘子虽然是好东西，但吃橘子也要注意，不是吃得越多越好。一般来说，橘子每天最多只能吃 3 个，因为每人每天需要的维生素 C 吃 3 个橘子就足够了，吃多了反而对牙齿有害。

....

....

....

（5）请模仿下面的语段，介绍一下酸奶（请用上以绿色标示的词语）。

你可能会说，这些我都知道。可是你知道吗，橘子皮中的维生素 C 比果肉中的还要丰富。你可能会问，虽然橘子皮含有大量的维生素 C，但橘子皮能吃吗？回答是“能”。下面我就给你介绍几种橘子皮的吃法。

小组活动 II：两人一组，限时写作，之后互相交换，讨论一下

请结合下列词语（要全部使用），写一篇 60 字左右的短文。

比……还……　　“把”字句（把 + N / NP + V + C）

V + N / NP + V + C（看书看累了）　　反而　　用途　　健康

（80 字）

四、课后作文

1. 参考题目（可以选择一个题目，也可以自己想一个题目）

（1）咖啡的用途

（2）水果的用途

（3）酸奶（或牛奶）的用途

（4）________

2. 我打算这么写

（1）我的题目是：________

（2）两人一组，说说你的写作思路：________

____

（3）两人一组，说说可能用到的词语、句式。

范文中的词语、句式：

“把”字句（把＋N/NP＋V＋C）　V＋N/NP＋V＋C（看书看累了）

比……还……　反而　一般来说　健康　营养

可能用到的其他词语、句式：________

____

3. 作文要求

（1）请根据你选择的题目，写一篇450～500字的作文。

（2）内容表述清楚，层次分明，符合汉语的表达习惯（欢迎使用流水句）。

（3）尽量使用本课学习的语言知识，可以参考范文的结构方式。

（4）最好写在方格稿纸上。

我的作品（请把修改好的作文抄写在这里）

（100字）

（200字）

（300字）

（400字）

（500字）

（600字）

13 科技改变生活

上次作文讲评

提示

这次作业完成得怎么样？总体上有哪些进步？还有哪些共同的问题？（不少于50字，下次课抽查。偶尔想不起来的汉字，可以写拼音。）

老师总评

提示

请大家一起分享你们创造的精彩语句！请记下作文中用词恰当、表达地道的语句，把对你有用的常用词语、结构也写在这里。（不少于100字，下次课抽查。偶尔想不起来的汉字，可以写拼音。）

精彩语句展示

提示

改正作文中的错误很重要。老师从你们的作文中找出了一些典型的错误，让我们一起来分析、改正这些错误吧！（不少于100字，下次课抽查。偶尔想不起来的汉字，可以写拼音。）

典型偏误分析

学习心得

提示

通过这次作文练习和作文评改，你有哪些心得、体会？（不少于50字，下次课抽查。偶尔想不起来的汉字，可以写拼音。）

愉快走入第13课

一 范文阅读

1. 阅读范文，思考文章的写作思路。
2. 再读范文，体会文章的结构方式。
3. 三读范文，画出学到的重要词句。

科技改变生活

随着全球科技的不断发展，我们的衣、食、住、行，到处都充满了现代科技的影子。生活在高科技时代，已经没有什么是不可能的。科技无时无刻不在改变我们的生活和工作，让我们的生活变得更加方便快捷[1]，让我们的工作变得更加轻松有趣。

先说说科技的发展让我们的生活变得更加方便快捷。例如，科技的发展改变了我们的购物方式。以前人们外出时必须带现金，没有现金几乎什么都买不到，现在只带一部手机就可以了。如果你不想出门，在家也可以买到你想买的东西。电子商务、电子支付、二维码[2]已经成了我们生活的重要组成部分。除了购物，乘坐高铁、地铁、出租车等交通工具也都可以不用现金，扫码就能解决所有的支付问题。再如，科技的发展也让做家务变得越来越轻松，人工智能[3]控制的扫地机器人、炒菜机器人都可以成为家庭生活的好帮手。

再说说科技的发展让我们的工作变得更加轻松有趣。例如，科技的发展改变了我们交流和沟通的方式。过去和别人交流沟通，需要写一封信，花几天甚至十几天的时间才能联系上。现在，只需要在社交媒体[4]上发信息、打语音或视频电话，就能完成所有交流工作。再如，科技的发展也改变了我们获取[5]信息的方式。现在网络发达，即使不看报纸、足不出户，也能第一时间知道发生在世界各地的事情。交流方式以及信息获取方式的改变大大节省了我们的时间，提高了工作效率[6]。

值得注意的是，科技是一把双刃剑[7]，在给我们带来方便的同时，也会带给我们一些负面[8]影响。但只要我们善于利用科技，不断发展科技，这些负面影响一定会越来越小，甚至消失。

---

1 快捷 kuàijié：fast, speedy　速度快。
2 二维码 èrwéimǎ：QR code　在水平和垂直方向的二维平面上存储信息的代码标记。
3 人工智能 réngōng zhìnéng：artificial intelligence　利用计算机模拟人类的智力活动。
4 社交媒体 shèjiāo méitǐ：social media　人们用来分享意见、见解、经验和观点的工具和平台。
5 获取 huòqǔ：to get, to gain　取得。
6 效率 xiàolǜ：efficiency　单位时间内完成的工作量。
7 双刃剑 shuāngrènjiàn：double-edged sword　同时带来好、坏两种效果的事物。
8 负面 fùmiàn：negative　坏的，消极的。

二 范文分析

1. 分析范文的写作思路

《科技改变生活》首先写了________________，接着重点写了________________、________________，最后写的是________________。

2. 熟悉范文中的表达范例

重点词语或结构	例 句
几乎	**没有现金几乎什么都买不到。**
	我觉得如果办公室没有网，就几乎什么都做不了。
越来越	**科技的发展也让做家务变得越来越轻松。**
	科技的发展越来越快，我们的生活也越来越方便了。
甚至	**过去和别人交流沟通，需要写一封信，花几天甚至十几天的时间才能联系上。**
	真正学会这门技术，可能需要花几年甚至十几年的时间。
即使……，也……	**现在网络发达，即使不看报纸、足不出户，也能第一时间知道发生在世界各地的事情。**
	这儿离公司太远了，即使坐地铁，也得一个小时。

3. 汉语水平检测：按恰当的顺序组成句子

（1）鸡蛋　养鸡了　越来越　都没人想　便宜

（2）都好说　就是　别的　解决不了　人才短缺的问题

（3）那个商场　只有上楼　不知道怎么想的　下楼就得走　有自动扶梯

（4）我　女儿住的城市　第一次来到　一路打听着　才找到她的家

三、写作实践

小组活动1：**两人一组，试一试，写一写**

（1）试试看，能否用“不但……，而且……”改写下面的句子？

除了购物，乘坐高铁、地铁、出租车等交通工具也都可以不用现金，扫码就能解决所有的支付问题。

……………………………………………………

……………………………………………………

（2）试试看，能否用“越来越”改写下面的句子？

科技无时无刻不在改变我们的生活和工作，让我们的生活变得更加方便快捷，让我们的工作变得更加轻松有趣。

……………………………………………………

……………………………………………………

（3）试试看，能否把下面的语段补充完整？

……………………………………………………。值得注意的是，科技是一把双刃剑，它也会带给我们一些负面的影响。

（4）请从范文中找出两个流水句，并把下面的五个小句整理成流水句。

范文中的流水句：

① ……………………………………………………

② ……………………………………………………

请将下面的小句整理成流水句：

A：我们的衣食住行中到处都是科技的影子

B：科技时时刻刻都在改变我们的工作和生活

C：有人说人类已经离不开科技了

D：生活由于科技变得越来越方便快捷

E：工作因为科技变得越来越轻松有趣

正确的语序是：……………………

（5）请你自己创作一个流水句。

……………………

……………………

……………………

……………………

（6）请模仿下面的语段，说说科技的发展如何改变了我们的学习方式（请用上以绿色标示的词语）。

科技的发展改变了我们交流和沟通的方式。过去和别人交流沟通，需要写一封信，花几天甚至十几天的时间才能联系上。现在，只需要在社交媒体上发信息、打语音或视频电话，就能完成所有交流工作。

小组活动 II：两人一组，限时写作，之后互相交换，讨论一下

请结合下面任何一张图片，写一篇 60 字左右的短文。

（80字）

四 课后作文

1. 参考题目（可以选择一个题目，也可以自己想一个题目）

（1）科技改变生活

（2）科技改变学习方式

（3）科技的负面影响

（4）............

2. 我打算这么写

（1）我的题目是：............

（2）两人一组，说说你的写作思路：............

....

（3）两人一组，说说可能用到的词语、句式。

范文中的词语、句式：

即使……，也……　几乎　越来越　甚至　方便　快捷

轻松　沟通　交流　人工智能　购物　交通　效率

可能用到的其他词语、句式：________________

____

3. 作文要求

（1）请根据你选择的题目，写一篇 450 ～ 550 字的作文。

（2）内容表述清楚，层次分明，符合汉语的表达习惯（欢迎使用流水句）。

（3）尽量使用本课学习的语言知识，可以参考范文的结构方式。

（4）最好写在方格稿纸上。

我的作品（请把修改好的作文抄写在这里）

（100 字）

（200字）

（300字）

（400字）

（500字）

（600字）

（700字）

14 语言学家赵元任

上次作文讲评

提示

这次作业完成得怎么样？总体上有哪些进步？还有哪些共同的问题？（不少于50字，下次课抽查。偶尔想不起来的汉字，可以写拼音。）

老师总评

提示

请大家一起分享你们创造的精彩语句！请记下作文中用词恰当、表达地道的语句，把对你有用的常用词语、结构也写在这里。（不少于100字，下次课抽查。偶尔想不起来的汉字，可以写拼音。）

精彩语句展示

提示

改正作文中的错误很重要。老师从你们的作文中找出了一些典型的错误，让我们一起来分析、改正这些错误吧！（不少于100字，下次课抽查。偶尔想不起来的汉字，可以写拼音。）

典型偏误分析

提示

通过这次作文练习和作文评改，你有哪些心得、体会？（不少于50字，下次课抽查。偶尔想不起来的汉字，可以写拼音。）

学习心得

愉快走入第14课

一 范文阅读

1. 阅读范文，思考文章的写作思路。
2. 再读范文，体会文章的结构方式。
3. 三读范文，画出学到的重要词句。

语言学家赵元任

赵元任（1892—1982）是中国江苏常州人，生于天津。他会说33种汉语方言[1]，精通[2]英语、法语、西班牙语、德语等多国语言，被称为“中国现代语言学之父”。凡是研究中国语言文学的人，几乎都有赵元任的语言学著作，他的《中国话的文法》在美国被认为是学习汉语语法最好的课本。

赵元任从小就表现出很高的语言天赋，各种方言一学就会。他掌握语言的能力

1 方言 fāngyán：dialect　一种语言中跟标准语有区别、只在一个地区使用的话。
2 精通 jīngtōng：to be proficient in　完全了解并熟练掌握。

非常惊人，能迅速掌握一种语言的声母、韵母和声调系统，并很快总结出使用规律。

赵元任一生最大的快乐，是到了世界任何地方，当地人都称他“老乡[3]”。

1920年，英国哲学家罗素（Russell）来中国演讲，赵元任当翻译。每到一个新地方，他都用当地的方言来翻译。他在去长沙的路上向湖南人学习长沙话，等到了长沙，已经能用长沙方言翻译了。演讲结束后，竟有人跑来称呼他老乡。

二战后，他到法国参加会议。在巴黎车站，他对工作人员讲巴黎的方言。对方听了，以为他是地道的巴黎人，于是说：“你回来了啊，现在可不如从前了，巴黎穷了。”

后来，他到德国柏林，用带柏林口音[4]的德语和当地人聊天儿。邻居一位老人对他说：“上帝保佑，你躲过了这场灾难[5]，平平安安地回来了。”

赵元任说自己研究语言是为了“好玩儿”。在现代人看来，简单的一句“好玩儿”其实有很多深意。因为好玩儿不是功利主义[6]，而是一种兴趣和爱好。

语言学是赵元任研究最深的领域[7]，但他同时还给学生上物理课和逻辑[8]课。赵元任也爱好音乐，写过一百多部音乐作品。

二 范文分析

1. 分析范文的写作思路

《语言学家赵元任》首先写了________________，接着评价赵元任是一个语言天才，然后通过三件事来说明赵元任一生最大的快乐是被别人称为“老乡”：____________________、____________________、____________________。最后，文章还简单介绍了赵元任的__________________和__________________。

---

3 老乡 lǎoxiāng：fellow-townsman 同乡。
4 口音 kǒuyīn：accent 方言的语音。
5 灾难 zāinàn：disaster 地震、洪水、战争等造成的严重灾害和痛苦。
6 功利主义 gōnglì zhǔyì：utilitarianism 以实用为标准的一种理论观点。
7 领域 lǐngyù：field, domain 范围。
8 逻辑 luójí：logic 思维的规律。

2. 熟悉范文中的表达范例

重点词语或结构	例　句
凡是……，都……	**凡是研究中国语言文学的人，几乎都有赵元任的语言学著作。**
	凡是参加周末旅游的人，都要提前报名。
竟	**演讲结束后，竟有人跑来称呼他老乡。**
	昨天遇到了一位以前的同学，我竟想不起他的名字了。
在……看来	**在现代人看来，简单的一句“好玩儿”其实有很多深意。**
	在很多人看来，他放弃那么好的一份工作，真是太傻了。
不是……，而是……	**因为好玩儿不是功利主义，而是一种兴趣和爱好。**
	这件事不是你一个人的错，而是大家共同的责任。

3. 汉语水平检测：按恰当的顺序组成句子

（1）而是　我不想努力　说不准　结果怎么样　这件事不是

（2）看一看　沈阳故宫　凡是去沈阳　都要去　旅游的人

（3）这次的展览　无法与上次相比　在我看来　展品数量、质量都不行

（4）还很环保　这款汽车　因为它　大受欢迎　一定会　除了好用

三　写作实践

小组活动Ⅰ：两人一组，试一试，写一写

（1）试试看，能否用“几乎”或“凡是……，都……”改写下面的语段？

当年在美国，差不多每一个学习汉语的人都有赵元任先生的《中国话的文法》。这本书在美国被认为是学习汉语语法最好的课本。

（2）试试看，能否用“不是……，而是……”改写下面的语段？

赵元任不喜欢别人把他当作名人。他到世界任何地方，如果有当地人称他“老乡”，那就是他最大的快乐。

....

....

....

（3）试试看，能否用“在一般人看来”把下面的句子补充完整？

赵元任会说 33 种汉语方言，并精通英语、法语、西班牙语、德语等多国语言，..........。

（4）请从范文中找出两个流水句，并把下面的五个小句整理成流水句。

范文中的流水句：

① ....

② ....

请将下面的小句整理成流水句：

A：被称为“中国现代语言学之父”

B：据说他会说33种汉语方言

C：精通多国语言

D：赵元任生于天津

E：他的《中国话的文法》是学习汉语语法最好的课本

正确的语序是：..........

（5）请你自己创作一个流水句。

（6）请模仿下面的语段，介绍一个你知道的名人。

赵元任从小就表现出很高的语言天赋，各种方言一学就会。他掌握语言的能力非常惊人，能迅速掌握一种语言的声母、韵母和声调系统，并很快总结出使用规律。

小组活动 II：**两人一组，限时写作，之后互相交换，讨论一下**

请结合下列词语（要全部使用），写一篇60字左右的短文。

在……看来　　不是……，而是……　　口音　　方言　　地道

（80字）

四 课后作文

1. 参考题目（可以选择一个题目，也可以自己想一个题目）

（1）音乐家莫扎特

（2）伟人________

（3）我的朋友________

（4）________

2. 我打算这么写

（1）我的题目是：________

（2）两人一组，说说你的写作思路：________

____

（3）两人一组，说说可能用到的词语、句式。

范文中的词语、句式：

凡是……，都…… 在……看来 不是……，而是……

竟 天赋 领域 地道 表现出

可能用到的其他词语、句式：________

____

3. 作文要求

（1）请根据你选择的题目，写一篇 550 ～ 600 字的作文。

（2）内容表述清楚，层次分明，符合汉语的表达习惯（欢迎使用流水句）。

（3）尽量使用本课学习的语言知识，可以参考范文的结构方式。

（4）最好写在方格稿纸上。

我的作品（请把修改好的作文抄写在这里）

（100字）

（200字）

（300字）

（400字）

（500字）

（600字）

（700字）

语法术语及缩略形式参照表
Abbreviations of Grammar Terms

Grammar Terms in Chinese	Grammar Terms in Pinyin	Grammar Terms in English	Abbreviations
名词	míngcí	noun	n. / 名 *
代词	dàicí	pronoun	pron. / 代
数词	shùcí	numeral	num. / 数
量词	liàngcí	measure word	m. / 量
动词	dòngcí	verb	v. / 动
助动词	zhùdòngcí	auxiliary	aux. / 助动
形容词	xíngróngcí	adjective	adj. / 形
副词	fùcí	adverb	adv. / 副
介词	jiècí	preposition	prep. / 介
连词	liáncí	conjunction	conj. / 连
助词	zhùcí	particle	part. / 助
拟声词	nǐshēngcí	onomatopoeia	onom. / 拟声
叹词	tàncí	interjection	int. / 叹
前缀	qiánzhuì	prefix	pref. / 前缀
后缀	hòuzhuì	suffix	suf. / 后缀
成语	chéngyǔ	idiom	idm. / 成
主语	zhǔyǔ	subject	S
谓语	wèiyǔ	predicate	P
宾语	bīnyǔ	object	O
补语	bǔyǔ	complement	C
动宾结构	dòngbīn jiégòu	verb-object construction	VO
动补结构	dòngbǔ jiégòu	verb-complement construction	VC
动词短语	dòngcí duǎnyǔ	verb phrase	VP
形容词短语	xíngróngcí duǎnyǔ	adjective phrase	AP

* “名词”“动词”“形容词”在相关句法格式中标记为“N”“V”“Adj”。

附录1：汉语常用关联词语

种类	关联词语	例句
并列关系	既……，又 / 也……	骑自行车去很不错，既能锻炼身体，又不挨挤。
	又……，又……	又不说话，又不和我们一起出去，他到底怎么了？
	有时……，有时……	我常常去图书馆看书，有时一个人去，有时和朋友一起去。
	一边……，一边……	我常常一边跑步，一边听音乐。
	一方面……，一方面……	旅游景点遭到破坏，一方面和游客太多有关，一方面也和管理不严有关。
	不是……，而是……	我不是反对这个方案，而是觉得应该再好好考虑一下。
	是……，不是……	他们是去年认识的，不是刚认识的。
	……，也……	我有经验，也感兴趣，很适合做这个工作。
	……，同时……	赵元任先生研究语言学，同时还给学生上物理课和逻辑课。
	……，另外，……	除了带这些证件，另外，学生证最好也带着。
	……，而……	你应该给他一些好的建议，而不是一直批评他。
先后关系	首先……，然后……	在危险面前，他首先想到的是别人，然后才是自己。
	起先……，后来……	起先我不是很喜欢她，没想到后来我们成了好朋友。
	先……，再……	做这个菜，应该先放西红柿，再放鸡蛋。
	一……就……	我一来北京就和朋友取得了联系。
	刚……，就……	我刚会说简单的汉语，就一个人来到了中国。
	……，接着，……	李明没说话走了，接着，别的人也陆续离开了。
	……，于是……	等了半个小时，玛丽还没来，于是大家就先出发了。
	……，终于……	经过三年的努力，她终于考上了理想的大学。
	……，随后……	昨天的晚会上，王老师朗诵了一首诗，随后又唱了一首歌。

种类	关联词语	例句
选择关系	或者……，或者……	或者今天买，或者明天买，这两天一定得把票买了。
	是……，还是……	你是明天来，还是后天来？
	不是……，就是……	那段时间，我整天不是睡觉，就是玩儿游戏，浪费了很多时间。
	要么……，要么……	要么你去，要么他去，总之得有一个人去。
	与其……，不如……	我觉得你与其去上海，不如去北京。
	宁可……，也不……	我宁可自己多做一些，也不把工作推给别人。
	……，或……	我投简历后，每天拿着手机等消息，或在网上看有没有人给我回复。
递进关系	不但 / 不仅 / 不光……，而且……	她不但汉语说得好，而且汉字也写得漂亮。
	不仅……，还……	赵元任不仅会说很多中国的方言，还精通多国语言。
	连……，何况……	连数学家都不知道问题的答案，何况是我们呢。
	别说……，连……	别说成人了，连小孩儿都懂得这个道理。
	……，甚至……	在一起工作了三年，我们没有说过话，甚至她的名字我都不知道。
条件关系	只要……，就……	只要还有希望，就不要放弃。
	只有……，才……	经理说，只有遇到紧急情况，才可以用暗铃报警。
	不管……，都……	不管你喜欢不喜欢，广告都已经成为人们生活的一部分。
	无论……，都……	无论干什么工作，我们都已经离不开网络了。
	……，要不然……	你亲自去请他吧，要不然他可能不来。
因果关系	因为……，所以……	因为她是中文系毕业的，所以文笔比较好。
	之所以……，是因为……	我之所以没去参加活动，主要是因为不想见到以前的男朋友。
	由于……，……	由于天气原因，比赛已经推迟了。
	既然……，那么……	既然大家都同意了，那么我没有其他意见了。
	……，可见……	小王最近闷闷不乐，不说不笑，可见他是有什么心事。
	……，因此……	玛丽性格活泼，因此到哪儿都能很快认识新朋友。

种类	关联词语	例句
假设关系	如果……，就……	如果你不想去，就打电话告诉我。
	要是……，就 / 那么……	要是天气不好，我们就改天再约。
	即使……，也……	孔子的很多观点，即使在今天，也仍然具有非常重要的意义。
	哪怕……，也……	哪怕所有人都反对，我也要试试。
	再……，也……	产品再好，也需要广告宣传。
	……的话，……	你临时有事的话，可以向公司请假。
转折关系	虽然 / 尽管……，但（是）……	虽然我也常常去酒吧喝酒，但从来不会喝醉。
	……，然而……	第一印象并不那么可靠，然而，说第一印象重要却对极了。
	……，不过……	这本小说一般人可能会读得难受，不过我却觉得有意思。
	……，却……	“龟兔赛跑”中，谁都觉得兔子肯定能赢，但最后它却输掉了比赛。
目的关系	……，好……	我们互相留一下联系方式吧，以后好联系。
	……，以便……	学校打算建设新的图书馆，以便为学生提供更多的方便。
	……，为的是……	我把问题提出来，为的是更好地解决这些问题。
	……，以免……	来之前请给我个电话，以免我不在家。
	……，免得……	你帮我把这本书还了吧，免得我再跑一趟。

附录2：汉语常用量词与搭配*

量词	意义和用法	例子
把	用于有把手（handle）的东西	一把椅子　一把刀　一把伞　一把钥匙
	表示用手抓起的数量	一把瓜子　一把大米　一把沙子
	用于抽象事物	一把年纪　一把骨头　一把火　一把好手
	和手的动作有关的	推他一把　帮我一把　洗一把脸
班	用于飞机、公共汽车等交通工具	同一班飞机　首班车　末班车
版	用于书籍排印	第二版　再版
	报纸的一面叫一版	娱乐版　头版新闻
帮	表示一群人	一帮人　一帮朋友
包	用于包装好的东西	一包烟　一包盐　一包东西　一包纸巾
本	用于书	一本书　一本词典
笔	表示和钱有关的	一笔钱　一笔收入　一笔买卖
遍	表示从开始到结束的过程	看了一遍　读三遍　第二遍
部	用于书籍、电影、电视	一部著作　一部电影　一部电视剧
	用于电话	一部手机　一部电话
层	用于重叠的东西	三层楼　双层玻璃　五层台阶
	用于物体表面的东西	一层土　一层灰尘　一层皮　一层油
场	表示事情的经过	一场暴风雪　一场战争　大哭一场
	用于文娱体育活动等	一场比赛　一场足球赛　一场电影　两场演出
串	用于连接在一起的东西	一串葡萄　一串珍珠　一串钥匙
	用于连续的动作或抽象事物	一串笑声　一串问题
次	用于反复出现的事情	去过三次　第二次　一次教训　一次事故

* 参考书目：（1）郭先珍《现代汉语量词手册》，中国和平出版社 1987 年版；（2）褚佩如、金乃禄《汉语量词学习手册》，北京大学出版社 2002 年版；（3）中国社会科学院语言研究所词典编辑室《现代汉语词典》（第 7 版），商务印书馆 2016 年版。

量词	意义和用法	例子
袋	用于袋子装的东西	一袋牛奶　一袋面粉　一袋水泥
道	用于门、墙等	一道门　一道墙　两道难关
	用于题目、命令等	一道数学题　一道命令
滴	用于液体	一滴水　几滴眼泪　一滴汗水
点	表示少量（常用为“一点儿”）	一点儿东西　一点儿时间　一点儿缺点 星光点点
	用于意见、看法等	三点意见　几点看法
顶	用于有顶的东西	一顶帽子　三顶帐篷
栋	用于房屋	两栋新房子　一栋楼房　一栋别墅
段	表示长条东西的一部分	一段绳子　一段铁路
	表示距离	一段距离　一段时间
	表示事物的一部分	一段文章　一段歌词　一段历史　一段记忆 一段经历
堆	表示数量多	一堆衣服　一堆人　一堆土
对	表示两个	一对情侣　一对熊猫　一对大眼睛
顿	用于吃饭、打骂等	一顿饭　打了一顿　批评了他一顿
朵	用于花、云等	一朵鲜花　三朵白云　一朵浪花
番	用于动作	发了一番脾气　唱了一番　下了一番功夫
	表示倍数	收入翻了两番
份	表示数量	三份套餐　一份遗产　两份报纸
	用于抽象事物	一份工作　一份喜悦　一份惊喜
封	用于信件	两封信　一封邮件
幅	用于字画	一幅字　一幅油画　一幅美丽的画面
副	用于成双的事物	一副眼镜　一副手套　一副春联
	和表情有关的	一副可怜的样子　一副笑脸　一副狼狈相
	用于嗓音	一副好嗓子
根	用于带根的比较长的蔬菜	一根黄瓜　一根大葱　三根胡萝卜
	用于长的东西	一根头发　一根木头　一根蜡烛　一根筷子
股	用于气味	一股香味　一股臭味　一股寒风

量词	意义和用法	例子
行	用于成行的事物	两行热泪　站成三行　倒数第四行
回	用于动作	去过几回　打过一回交道　第二回
家	用于银行、医院等机构	一家银行　三家医院　一家咖啡馆
间	用于房屋	一间书房　两间卧室
件	用于衣服	一件衣服　一件羽绒服　一件上衣
	用于抽象事物	一件奇怪的案子　一件好事　一件往事
届	用于会议或毕业的班级	三届会议　第一届　下届会议 2000 届毕业生
棵	用于植物	一棵树　一棵白菜
颗	用于圆形的东西	一颗珍珠　一颗心　几颗牙齿　十颗星星
口	用于家庭中的人	三口人
	表示和口腔有关的	一口金牙　叹了一口气　咬了一口
	用于语言	说一口北京话　满口的方言
块	表示钱，和“元”相同	1 块钱　100 块
	用于块状的东西	一块蛋糕　一块地　一块红布　一块手表
粒	表示细小的颗粒	一粒黄豆　一粒珍珠
辆	用于车辆	一辆汽车　一辆自行车　一辆卡车
列	用于火车	一列火车
轮	用于圆的月亮、太阳	一轮明月　一轮红日　一轮圆月
	用于会谈、比赛	三轮会谈　几轮比赛　第三轮讨论
枚	用于硬币或类似硬币的东西	一枚硬币　一枚勋章　一枚纪念币
门	用于课程、科学技术	三门课　一门技术
	用于婚姻、亲属关系	一门婚事　三门亲戚
面	用于镜子、旗子	一面镜子　一面红旗
名	用于人	一名科学家　三名外宾
	表示名次	第二名　前三名
排	用于成排的事物	一排牙齿　一排整齐的队伍　一排柳树
盘	用于棋类比赛	两盘棋　第二盘　三盘比赛

量词	意义和用法	例子
批	表示很多人或事物	一批大学生　一批游客　一批货物
匹	用于布	一匹布　三匹绸缎　两匹丝绸
	用于马	三匹马
篇	用于文章	一篇文章　两篇课文　一篇论文
片	用于平而薄的东西	一片面包　三片肉　一片雪花
	用于面积、范围较大的东西	一片天空　一片蓝色的海洋　一片白云
	用于抽象事物	一片哭声　一片混乱　一片柔情
期	用于报纸、刊物等	360 期报纸　第一期　一期节目
起	用于事故、案件等	一起交通事故　一起案件　一起离奇的事件
群	用于聚集在一起的人、动物和某些东西	一群人　一群孩子　一群狼
身	表示和身体有关的	一身衣服　一身泥土　一身香味
首	用于歌曲、诗词	一首歌　一首流行歌曲　三首诗
双	用于成双的事物	一双眼睛　一双鞋　一双筷子
艘	用于轮船	一艘轮船　一艘航空母舰　一艘货轮
所	用于学校	一所幼儿园　一所小学　600 所科研院校
台	用于电视等机器设备	一台电视　一台电脑　一台进口设备
趟	表示来回	来过两趟　去一趟上海　来两趟北京
套	用于组合在一起的东西	一套西装　一套书　一套法律法规
条	用于细长的事物	一条河　一条领带　一条裤子　一条香烟
	用于细长的动物或植物	一条蛇　一条狗　一条鱼　一条黄瓜
	表示和生命有关的	一条汉子　三条人命
头	用于牛	一头公牛　三头奶牛
	用于大蒜	一头蒜
团	用于球形的事物	一团纸　一团棉花　冷得缩成一团
位	用于人	一位先生　三位专家　几位客人
下	用于动作	敲两下　打了三下　动了几下
	表示时间短	看一下　问一下　试一下

量词	意义和用法	例子
项	用于比赛、事业、活动等	两项比赛　一项伟大的事业　一项活动
样	表示种类	三样东西　四样点心　几样礼物
页	用于书本中的纸	一共 300 页　第 5 页　3 页纸
张	用于纸、画等	一张纸　一张照片　一张飞机票　一张皮
	用于有平面的事物	一张桌子　一张床　一张沙发
	用于脸、嘴等	一张笑脸　三张嘴
阵	表示持续了一段时间的事物或情况	一阵暴风雨　一阵笑声　一阵疼痛　一阵难过
支	用于笔	一支笔　一支圆珠笔　一支铅笔
	用于歌曲	一支民歌　一支歌　一支革命歌曲
只	用于动物	一只狐狸　一只鸡　一只蚊子
	用于成对东西中的一个	一只眼睛　一只手套　一只鞋
	用于比较小的船	一只小船　一只木船　一只帆船
桩	用于事情	一桩婚事　一桩心事　一桩案子
座	用于房屋、桥梁等建筑	一座山　一座大楼　一座大桥